KORSETS

BUDSKAP

KORSETS
BUDSKAP

Dr. Jaerock Lee

URIM
BOOKS

KORSETS BUDSKAP av Dr. Jaerock Lee
Utgitt av Urim Bøkene (Representant: Seongkeon Vin)
235-3, Guro-dong 3, Guro-gu, Seoul, Korea
www.urimbooks.com

Hvis det ikke har blitt notert noe annet, har alle Skriftene blitt tatt ifra den Hellige Bibelen, NEW AMERICAN STANDARD BIBLE, *, Opphavsrettslig Beskyttet © 1960, 1962, 1963, 1968, 1971, 1972, 1973, 1975, 1977, 1995 av Lockman Stiftelsen. Brukt ved tillatelse.

Opphavsrettslig Beskyttet©2012 av Dr. Jaerock Lee
ISBN: 978-89-7557-542-6
Beskyttet Oversettelse©2010 av Dr. Esther K. Chung. Brukt ved tillatelse.

Tidligere utgitt på koreansk av Urim Bøkene i 2002

Først Utgitt mars 2012

Redigert av Dr. Geumsun Vin
Formgitt av Urim Bøkenes Redigeringsbyrå
For mer informasjon, ta kontakt med: urimbook@hotmail.com

v

FORORD

Ønske om at du skal forstå Guds hjerte og Hans store menneskekjærlighet og om å legge et solid grunnlag for din tro.

Korsets Budskap har ledet utallige mennesker til frelse siden 1986 og demonstrert utallig verk av Den Hellige Ånd gjennom mange utenlandske kampanjer. Til sist, Gud Faderen velsignet meg til å utgi den. Jeg gir Han all takken og æren!

Mange mennesker sier at de tror på Gud, Skaperen og kjenner kjærligheten til Hans Sønn Jesus Kristus, men kan ikke forkynne evangeliet med selvsikkerhet. Faktisk er det bare et par Kristne som forstår Guds hjerte og Hans forsyn. Dessuten er det noen kristne som er separert ifra Gud fordi de har enten ikke fått klare svar på mange av deres spørsmål vist i Bibelen eller de forstår ikke det mystiske forsyn av Guds kjærlighet.

For eksempel, hva ville du si hvis noen spør deg om de følgende spørsmål: "Hvorfor plantet Gud treet med viten om det gode og det onde og lot menneskene spise ifra dette treet?" "Hvorfor lagde Gud helvete, selv om Han offret Hans Sønn

Jesus Kristus for synderne?" og "Hvorfor er Jesus den *eneste* Frelser?"

Jeg kunne ikke forstå Guds dype forsyn av skapelsen og Hans hemmelige forsyn som var gjemt i korset i begynnelsen av mine første år i mitt kristne liv. Etter at jeg ble innkalt til å forkynne evangeliet, begynte jeg å spørre meg selv, "Hvordan kan jeg lede mennesker til frelsens vei og Guds lovprising?" Det fallt meg inn at vi måtte forstå alle budene i Bibelen inkludert de avsnittene som er vanskelige å forstå gjennom fortolkningen av Gud og å forkynne dem over hele verden. Jeg fastet så ofte som mulig og ba for dette. Syv år passerte før Gud begynte å åpenbare dem til meg.

I 1985, mens jeg ba energisk, ble jeg fyllt med den Hellige Ånd. Han begynte å forklare meg om Guds hemmelige forsyn som hadde vært gjemt. Det var "Korsets Budskap." Jeg holdt preken om det på hvert eneste søndags gudstjeneste i 21 uker. Videokassettene med "Korsets budskap" har påvirket mangfoldige mennesker innenlands og utenlands. Uansett hvor de holdt preken om korsets budskap, arbeidet den Hellige Ånd veldig hardt. Mange mennesker angret over sine synder og ble helbredet av deres sykdommer og lidelser. De kastet vekk deres tvil vedrørende Guds forsyn og fikk sann tro og evig liv. Opptil da, kjente de ikke helt til Gud og Hans dype kjærlighet. De begynte å forstå Guds plan, møte Han, og håpe på evig liv gjennom dette budskapet.

Hvis du har klar forståelse om hvorfor Gud plantet treet med vitenskapen om godt og ondt i Edens hage, kan du også forstå

Hans forsyn for menneskenes kultur og ha en bedre kjærlighet til Gud. Videre, ved å lære sannheten til livet ditt, klarer du å kjempe mot dine synder til slik en grad at du vil blø, og prøve å ligne hjerte til Herren Jesus Kristus, og være trofast til Gud helt til døden.

Korsets Budskap viser deg Guds hemmelige forsyn gjemt i korset og hjelper deg å legge et solid grunnlag for et sant og godt kristelig liv. Derfor vil alle som leser denne boken være i stand til å forstå Guds dype forsyn og kjærlighet, ha sann tro, og å opprette og leve et kristelig liv etter Guds ønske.

Jeg vil gjerne takke sjefen og personale til redaksjonsbyrået som har gjort alle forsøk med å utgi dette arbeidet. Jeg vil også takke oversettingsbyrået.

Jeg får håpe mange mennesker vil forstå Guds dype forsyn, møter Guds kjærlighet, og blir frelset som sanne Guds barn – alt dette ber jeg for i Herre Jesus Kristus navn!

Jaerock Lee

INTRODUKSJON

Korsets Budskap er om lærdommen og makten til Gud, og har en sterk beskjed som enhver kristelig over hele verden må ta imot!

Jeg gir all takken og æren til Gud, Faderen som har ledet oss til å utgi Korsets Budskap. Så mange medlemmer av Manmin rundt om i verden har sett frem til dens utgave. Denne boken gir klare svar på mange spørsmål som mange kristne har lurt på: 'Hvordan var Gud, skaperen før begynnelsen av menn?' 'Hvorfor skapte Gud menneskene og lot dem leve på denne planeten?' 'Hvorfor plantet Gud treet med vitenskapen om godt og ondt i Edens have?' 'Hvorfor sendte Gud sin eneste sønn som et sone offer?' 'Hvorfor planla Gud forsynet om frelse gjennom det værbitte tre korset?' pluss mange andre spørsmål.

Denne boken inneholder sjelfylte budskap fortalt av Dr. Jaerock Lee og ber deg om å kjenne og forstå den dype, brede, og store kjærligheten til Gud.

1. Kapittel, "Gud Skaperen og Bibelen," introduserer dere til

Gud og hvordan han arbeider gjennom dere. Gjennom dette Kapittelet vil du finne bevis på den levende Gud og forstå sannheten om Bibelen til tross for menneskehistorien. Det beviser videre at teorien om evolusjon er falsk og skapelsen av Gud er sann.

2. Kapittel, "Gud Skaper og Kultiverer Menneskene," forsikrer oss om at Gud skapte alle ting i universitetet og utviklet menneskene i Hans avbilde. I tillegg, dette Kapittelet lærer deg den virkelige meningen med menneskeliv og Hans grunn til å oppdra menneskene som hans sanne spirituelle barn.

3. Kapittel, "Treet med Kunnskapet om Godt og Ondt," gir svar til det fundamentale spørsmålet for alle kristne: Hvorfor plantet Gud treet med vitenskapen om godt og ondt? Dette Kapittelet forklarer grunnene detaljert og hjelper deg med å forstå den dype kjærligheten og Guds mystiske forsyn som kultiverer menneskene på jorden.

4. Kapittel, "Den Gjemte Hemmeligheten om Før Tidens Begynnelse," forklarer forholdet mellom loven om frelse av jorden og den spirituelle loven om menneskenes frelse (Leviticus 25). Det forklarer også at alle menn måtte gå mot døden på grunn av deres synder, men Gud forberedte den fantastisk mulighet om frelse siden før Kristus. Til slutt lærer den deg om hvorfor Gud har gjemt muligheten for frelse til Hans utvalgte tidspunkt og hvordan Jesus er kvalifisert til lovbetingelse og til frelse av jorden.

5. Kapittel "Hvorfor er Jesus Vår Eneste Frelser?" forklarer hvorfor Gud's planer for menneskenes frelse som har vært gjemt siden før tidens begynnelse ble forfylt gjennom Jesus, grunnen til Hans korsfestelse, velsignelsene og rettighetene til Guds barn, meningen med navnet "Jesus Kristus," grunnen til at Gud ikke ga noe annet navn enn Jesus Kristus under himmelen fra hvor menneskene må bli frelset, osv. Du vil føle Guds grenseløse kjærlighet hvis du forstår den spirituelle implikasjonen til budskapet beskrevet i dette Kapittelet.

6. Kapittel, "Korsets Forsyn," forteller deg om den dype meningen med Jesus' lidelser. Hvorfor var Jesus født i en bås med dyr og lagt i en krybbe hvis han virkelig var Guds sønn? Hvorfor var Han fattig hele sitt liv? Hvorfor var Han pisket over hele kroppen, kronet med torner, og spikre fast med Hans føtter og hender? Hvorfor led Han så mye av alle smertene at Han mistet all sitt blod og vann?

Dette Kapittelet gir oss nøyaktige svar til slike spørsmål og hjelper deg å forstå den spirituelle implikasjonen av Hans lidelser. Alle slag lidelser og sykdommer likesom problemer med fattigdom, familie stridighet, forretnings vanskeligheter, og så videre vil bli oppklart gjennom din forståelse og tro i den spirituelle meningen med Jesus' lidelser. Dette Kapittelet hjelper deg med å kjenne slik en dyp kjærlighet for Gud, kaste vekk all slags ondskap, og være med i den hellige natur.

7. Kapittel, "Jesus' Syv Siste Ord På Korset," forklarer om den spirituelle implikasjonen til Jesus syv siste ord på korset like før

Han døde. Gjennom de siste syv ordene på korset, oppfylte Han misjonen Han hadde fått ifra Hans far Gud. Dette Kapittelet fremhever at du skal forstå Jesus' store kjærlighet for menneskeheten, vente på Hans tilbakekomst, og kjempe den gode kampen til slutten i håp om å få oppstandelse fra de døde.

8. Kapittel, "Sann Tro og Evig Liv," forteller oss at vi har kommet sammen med vår brudegom Jesus Kristus bare med ren tro. Bibelen advarer oss om noen som sier at de tror på Frelseren Jesus Kristus, men som ikke kan bli frelset på dommens dag. Bibelen legger ikke bare vekt på å akseptere Jesus Kristus, men også om å spise kjøttet til Guds sønn og drikke Hans blod for å nå den evige frelse. Du kan få sann tro som vil lede deg til muligheten om frelse når du spiser Hans kjøtt og drikker Hans blod. Dette Kapittelet lærer deg også naturen om sann tro, hvordan du oppnår det, og hva du skal gjøre for å oppnå hele frelsen.

9. Kapittel, "Å Bli Født av Vann og Ånden," først omtales samtalen mellom Jesus og Nikodemus. Denne utvekslingen avslutter Korsets Budskap. Ditt hjerte må bli fornyet hele tiden gjennom vann og den Hellige Ånd til Jesus Kristus kommer tilbake og du må beholde hele din ånd, sjel, og kropp skyldfri til Herren Jesus Kristus tilbakekomst, til den tid hvor Herren vil få deg som Hans nydelige brud.

10. Kapittel, "Hva Er Kjetteri?" forskning på hva kjetteri er og diskutere de negative og falske forståelsene som mange kristne

har om det. Mange folk i dag misforstår eller dømmer Guds sterke krefter som kjetteri eller galskap likegyldig, siden de ikke kjenner til den bibelske definisjonen av kjetteri. Dette Kapittelet advarer deg i at du hverken skal skylle på eller dømme den Hellige Ånds arbeide som kjetteri og forklare hvordan du skal se forskjell på sannhetens Ånd og forsyndelses ånden, og om noen kjetterske denominasjoner. Til slutt, dette Kapittelet gir trykk på at du skal fortsette med å se og be og leve i sannheten for ikke å falle inn i fristelsene til forsyndelses ånden.

Apostelen Paulus sa i sitt 1. brev til korintierne 1:18 om kunnskapen til Gud og vedrørende korsets budskap, *"For ordet om korset er vel en dårskap for dem som går fortapt, men for oss som blir frelst, er det en Guds kraft."* Hvem som helst kan ha sann tro, møte den levende Gud og nyte et kristent liv til det fulleste når de forstår hemmeligheten gjemt i korset og innser Guds dype forsyn om Hans kjærlighet til menneskene.

Korsets Budskap er en grunnleggende lære av ditt liv. Derfor ber jeg i Herrens navn at du må legge et grunnlag for ditt kristne liv og nå all frelse og det evig liv.

Geumsun Vin
Direktør av redaktørbyrået

INNHOLD

FORORD

INTRODUKSJON

1. Kapittel

GUD SKAPEREN OG BIBELEN

- Gud Er Skaperen
- Jeg Er Den Jeg Er
- Gud Er Allvitende og Allmektig
- Gud Er Forfatteren av Bibelen
- Alle Ord i Bibelen Er Sanne

I begynnelsen skapte
Gud himmelen og jorden.

1. Mosebok 1:1

Gud Er Skaperen

Idag er det utallige bøker i verden, men ingen annen bok enn Bibelen gir deg slike detaljerte og klare svar på spørsmålet om opprinnelsen og skapelsen av universet, og begynnelsen og slutten på menneskeheten. Bibelen gir et klart svar på spørsmålet om opprinnelsen av universet og livet. 1. Mosebok 1:1 sier, *"I begynnelsen skapte Gud himmelen og jorden."* og Brevet til Hebreerne 11:3 sier, *"Ved tro skjønner vi at verden har kommet i stand ved Guds ord, så det som sees, ikke ble til av det synlige."* Ikke alt det synlige var utviklet fra noe som allerede eksisterte. Det var skapt ifra "ingenting" ved Guds kommando.

Mennesker kan lage ting ut av noe som allerede eksisterer, nemlig, transformere eller kombinere materieller som allerede eksisterer for å kunne lage noe, men han kan ikke lage noe ut av ingenting.

Det er utenkelig for menneskene å kunne lage et levende organisme. Fordi om de har utviklet nok vitenskapelige teknologi til å lage kunstig intelligens (EDB) datamaskiner eller klonet lam, kan han ikke engang lage en amøbe ut av ingenting.

Derfor lager menneskene levende organismer bare fra ting som Gud allerede har skapt, og kombinerer dem på forskjellige måter. Du må vite at det ikke er noe mere enn det.

Derfor må du vite at bare Gud klarer å lage ting ut av ingenting. Bare Gud, Skaperen skapte universet på Hans kommando og kontrollerer hele universet, verdens historie, liv og død, og menneskenes velsignelser og forbannelser.

Bevis Som Får Deg Til å Tro På Gud, Skaperen

Alt – et hus, et bord, eller til og med en spiker – er laget av noen. Det er derfor forstått med at det må være skaperen til dette enorme universet. Det skulle ha vært en eier som skapte det og som styrte det. Dette er Gud, Skaperen som Bibelen forteller deg om gjentatte ganger.

Når du ser deg om er det masse bevis på Skaperen. For et lett eksempel, regn med det enorme antall mennesker på jorden. Uansett rase, alder, kjønn, sosial anseelse, osv, alle har to øyne, to ører, en nese med to nesebor, og en munn.

Fordi om hvert dyr er litt forskjellig på grunn av deres type, de har de samme ansikts konstruksjonene. For eksempel, en elefant har en lang nese (snabel), men det er i midten av fjeset, og over munnen. Det er ikke over øynene, under munnen, eller på toppen av hodet. Hver elefant har to nesebor, to øyer, to ører, og en munn. Alle fuglene i luften, alle fiskene i havet eller i elva, har den samme konstruksjonen.

Hvert dyr deler ikke bare den samme ansikts konstruksjonen, men hvert pattedyrs fordøyelses- og reproduserings system er også identisk. På samme måte, hver av dem spiser maten med munnen og alt som går inn i munnen går inn i maven og kommer ut igjen av kroppen. Alle pattedyr parrer seg med det motsatte kjønn og føder deres avkom.

Når du setter disse tydelige omstendighetene sammen, kan du kanskje si at det er et tilfelle eller bevis på evolusjon diktatet om "den sterkestes rett." Ikke noe av dette kan bli forklart med evolusjons teorien.

På grunn av at mennesker og dyr har de samme organiske oppbygningene er dette derfor nok til at bevise at alt er skapt og planlagt av Gud, Skaperen. Hvis Gud ikke var den eneste Gud, men bare en av mange guder, skapningene ville ha forskjellig antall organer og forskjellig kroppslig oppbygning og posisjoner.

Dessuten kan du også finne mere bevis på skapelse hvis du ser litt nærmere på naturen. Hvor fantastisk er det ikke å vite at alle tingene i solsystemet som jordklodens revolusjon og omdreining arbeider uten den minste feiltagelse.

Se på klokken på armen din. I den er det mange utarbeidede deler. Den vil ikke virke uten den minste delen borte. Dette universet var derfor planlagt til å fungere under Gud's forsyn.

For eksempel, hverken menneskene eller noen annen form for liv kan eksistere uten månen som roterer rundt jordkloden. Månen kunne ikke blitt plassert lenger ifra eller nærmere jordkloden enn dens nåværende posisjon. Gud plaserte den i dens ideelle avstand slik at menneskene kan leve på jordkloden.

På grunn av den nåværende posisjonen av månen, trekket av dens gravitet lager havets tidevann og lavvann. Dette tidevannet gjør at sjøen blir ristet og renset. Dessuten, alle tingene i universet var laget til å bevege seg presist i forhold til Guds forsyn.

Hvorfor Tror Ikke Alle På Gud, Skaperen?

Noen mennesker tror på Gud, Skaperen og lever etter Hans Ord. Hvorfor er det at mennesker, som har fornuft og søker etter svar til alt i vitenskapen, ikke tror på Gud, Skaperen? Hvis du lærte av de trofaste kristne gjennom barndommen at Gud lever og er den Allmektige Skaperen, ville det ikke være vanskelig å tro på Skaperen.

Men likevel er det mange av dere som i dag har blitt påvirket av evolusonisme siden deres ungdom, og det er så mye "kunnskap" som ikke alt er like sant. Dere er også sammen med de som ikke tror på Gud eller tviler på Han.

Etter å ha levet i dette miljøet, hvis du går til kirken og hører om Guds budskap, tviler du også ofte og kan ikke helt tro på Gud, Skaperen, på grunn av at dine tidligere lærdommer motstrider hva du har lært og hørt i kirken.

Så lenge du ikke blir kvitt tankene eller lærdommen som du lærte i verden fordi om du gikk i kirken regelmessig, kan du ikke ha fullstendig spirituell tro – Gud-skapte troen – som er langt ifra noen som helst tvil.

Du kan ikke tro på det himmelske kongeriket eller helvete uten spirituell tro. Du betrakter den synlige verden, og lever på din egen måte.

Hvor ofte ser du noen teorier, som var anerkjent og akseptert på den tiden, omvendt eller erstattet med nye teorier etterpå? Selv om dette ikke er helt riktig, er det sant at tradisjonelle teorier og påstander er fortsatt revidert eller vedlagt av de senere nyopprettede fakta. Ettersom tiden går og vitenskapen går fremover, folk fremstiller bedre forklaringer og teorier selv om de ikke er perfekte. Jeg sier ikke at undersøkelsene til mange vitenskapsmenn alle er feil.

Det er fremdeles mange ting på jorden som ikke kan bli forklart med menneskelig kapasitet, så du må erkjenne dette faktum.

For eksempel, når det kommer til universet, du har aldri vært på den andre siden av universet fra jordkloden, og du har heller aldri gått tilbake til fortiden. Folk prøver likevel å forklare universet ved å sette opp forskjellige hypoteser og teorier.

Før menneskene dro til månen, antok vi at, "Det er kanskje noe levende organisme der oppe eller organismene er kanskje et eller annet sted i dette solsystemet." Men likevel etter menneskenes tur til månen, kunngjorde vi at "Det er ikke noe levende organisme der." Nå for tiden sier vitenskapsmennene, "Det er mulighet for levende organisme på Mars." eller "Det er litt spor etter vann på den Røde Planeten."

Selv om du har undersøkt lenge og økt dine kunnskaper, hvis du ikke kjenner testamentet, Gud, Skaperens forsyn og makt, ender du med en begrensning av menneskehetens kapasitet.

Derfor sier Apostelen Paulus' Brev til Romerne 1:20 at *"For Hans usynlige vesen, både Hans evige kraft og Hans gudommelighet, er synlig fra verdens skapelse av, idet det kjennes av Hans gjerninger, for at de skal være uten unnskyldning."*

Hvem som helst som åpner sitt hjerte og mediterer føler makten fra Gud og Hans hellige natur gjennom skapelser som solen, månen, og stjernene – objekter hvor Gud tillater deg å kjenne Hans tilstedeværelse og for å ha tro på Han.

Jeg Er Den Jeg Er

Høre om Gud, skaperen, mange mennesker undrer, "Hvordan Eksisterte Han Først?" "Hvor kom Han fra?" eller "Hvordan så Han Ut"?

Menneskenes kunnskap og tanker kan ikke passere en viss grense, som dikterer at det skal være en begynnelse og en slutt til alt liv. Derfor forlanger vi klare svar på slike spørsmål. Gud eksisterer likevel utenom menneskenes forståelse, så Han er den som "Var," "Er," og "Kommer."

3. Mosebok 3 beskriver en scene hvor Gud kommanderte Moses til å lede Israels barn inn til Kanaan landet. Moses på den annen side spurte Gud hvordan han skulle svare israelittene hvis de spurte han om Guds navn.

På dette tidspunktet fortalte Gud Moses, *"JEG ER DEN JEG ER,"* og så skal du si til Israels barn, *"JEG ER har sent meg til dere."* (3. Mosebok 3:14).

"JEG ER" er uttrykket som Gud bruker for å referere til seg selv personlig, og menes at ingen fødte Ham, eller skapte Ham, men Han er den perfekte skapning, selveste Skaperen.

I Begynnelsen var Gud Et Lys Med Stemme

Johannes Evangelium 1:1 sier, *"I begynnelse var Ordet, og Ordet var hos Gud, og Ordet var Gud."* På denne måten, Gud som var Ordet i begynnelsen var en skapning som hadde eksistert perfekt alene uten å ha blitt skapt. Hvordan og hvor eksisterte Han? Gud er Sjelen, så Han har vært i en fasong av et Ord i den fjerde dimensjonen, den spirituelle verden, ikke den tredje dimensjonen som er synlig. Gud eksisterte ikke i noen som helst form, men som et dypt og vakkert lys med ren og klar stemme, og Han styrte over hele universet.

Så, Apostelen Johannes' Første Brev 1:5 sier, *"Og dette er det budskap som vi har hørt av Ham og forkynner dere, at Gud er lys, og det er intet mørke i Ham."* Det har en spirituell mening og har et utrykk om Guds karakteristiske egenskaper som var lyset i begynnelsen.

I begynnelsen eksisterte Gud som et lys med en stemme. Hans stemme er ren, søt, og myk, og høres over hele universet. De som har noengang hørt Guds stemme personlig kan forstå dette.

Gud Var Alene Før Tidens Begynnelse

Skaperen har eksistert før begynnelsen av tiden, med planer om å oppdra Hans sanne spirituelle barn og om å fortsette med dette. Hvis du derfor forstår helt Gud JEG ER, skal du ødelegge alle dine egne måter å tenke på, teorier, og stereotyper og skal videre akseptere arbeide med skapelsen skaffet av Gud.

Ulikt fra tingene som er skapt av Gud, tingene som er laget av menneskene har deres grenser og svakheter. Ettersom kunnskapet og sivilisasjonen av menneskeheten fremrykket kontinuerlig, bedre produkter blir laget, men de har fremdeles mange svakheter.

Noen lager idoler av gull, sølv, bronse, og metall og kaller dem Guder hvor de bøyer seg ned foran dem og ber om deres frelse. De er bare av tre, metall, eller uttrykksløse bilder som ikke kan puste, snakke, eller blinke med deres øyne (Habakkuk 2:18-19).

Fordi om de påstår at de er kloke, mennesker kan ikke skille mellom sannhet og løgn, men heller lage bilder og kalle dem deres Guder som de tilbeder (Apostelen Paulus' Brev til Romerne 1:22-25). Hvor dumt og skamfult er ikke det?

Derfor, hvis mennesker har tilbedet og tjent gudene forgjeves på grunn av at de var uvitende om Gud, skulle de angre på det grundig, tilbede Gud JEG ER, og utføre forpliktelsen som Hans barn.

Gud Er Allvitende og Allmektig

Skaperen som skapte hele universet er den perfekte skapning som eksisterte før tidens begynnelse, og Han er allvitende og allmektig. Denne bibelen registrerer mange under og mirakler som ikke kan bli gjort med makt og kunnskapen til menneskene.

Disse mektige arbeid til den allvitende og allmektige Gud som var den samme i går og idag fant sted under det Nye

Testamentet og det Gamle Testamentets tid gjennom mange av Guds mennesker som hadde Hans makt.

Dette er på grunn av hva Jesus sa i Johannes' Evangelium 4:48, *"Uten at dere ser tegn og under, tror dere ikke"* mennesker tror ikke på hvis de ikke ser under fra den Allmektige Gud.

Gud Viser Fantastiske Mirakler og Tegn

2. Mosebok registrerer i detaljer at den allvitende og den allmektige Gud gjorde fantastiske mirakler og tegn gjennom Moses da Han brakte Israel's barn ut av Egypt og inn til landet Canaan.

For eksempel, når Gud sendte Moses til Farao, Egypts konge, brakte Han Ti Plager til ham og hans land, lot Israels barn spasere på tørr jord ved å skille Røde Havet og skyllet den forskrekkede Egyptiske hæren inn til den bølgende strømmen.

Til og med etter Israelittenes utvandring, kom det vann ut av en sten når Moses slo til den med hans stokk, bittert vann ble forandret til søtt vann, og manna kom ned ifra himmelen slik at millioner av mennesker kunne leve uten noen som helst bekymringer for mat.

Senere i det Gamle Testamentet, finner vi at Gud gir profeten Elias forsyn om tre og et halvt års tørke, om regnet gjennom Hans bønner, og at de døde oppstår.

I det Nye Testamentet, ser vi Jesus, Guds Sønn, løfte opp Lasarus som hadde vært død i fire dager, åpne øynene til de blinde, og helbrede mange mennesker med forskjellige lidelser, svakheter, og onde sjeler. Han gikk på vannet og stilnet vinden og bølgene.

Gud gjorde usedvanlige mirakler gjennom Apostelen Paulus' hender, slik at når lommetørkler eller forkler ble bært fra Hans kropp til de syke, sykdommene forsvant og den onde ånden forsvant (Apostelens Gjerninger 19:11-12). Mangfoldige tegn fulgte Peter som var en av de beste disiplene til Jesus. Folk brakte de syke inn til gatene og la dem på senger og matter slik at bare Peters skygge kanskje ville falle på noen av dem når han gikk forbi (Apostelenes Gjerninger 5:15).

Dessuten gjorde Gud under og utstilte tegn gjennom Stefanus of Filip i Bibelen, og Han fortsetter med å vise dem gjennom vår kirke til og med idag.

Mange uhelbredelige sykdommer slik som kreft, tuberkulose, leukemi, og aids har blitt kurert. De døde sto opp og de lamme kunne stå, gå, og springe.

Videre, Gud viser større tegn og under, usedvanlige mirakler, og bemerkelsesverdige ting: Gjennom bønner på telefonen og med lommetørkler som jeg ba på, ble mange syke helbredet, ødelagte maskiner blir reparert, og hjertets ønsker er oppfylt.

Derfor, alle de som tror på denne allmektige Gud og ber i følge Hans ønske kan få svar på hva han enn spør om i hans bønner.

Gud Er Forfatteren av Bibelen

Gud er Sjelen, så Han er uslåelig, men har alltid vist seg selv på mange måter. Gud åpenbarer vanligvis seg selv gjennom naturen og spesielle vitner ifra folk som har blitt helbredet og som får svar ifra Ham. Han åpenbarer seg også i detaljer gjennom Bibelen. Du kan derfor forstå den sanne og eneste Gud, møte Ham og nå frelse og evig liv ved å erkjenne Guds arbeide. I tillegg, kan du leve et fremgangsrikt liv og gi ære til Gud ved å forstå Guds hjerte og innse hvordan en skal elske Ham og hvordan man kan bli elsket av Ham (Apostelen Paulus' Annet Brev til Timoteus 3:15-17).

Den hellige skrift Er Guds Røst

Apostelen Peters Annet Brev 1:21 sier at *"for aldri er noe profetord fremkommet ved et menneskes vilje, men de hellige Guds menn talte drevet ev den Hellige Ånd."* Dette menes at Bibelen fra 1. Mosebok til åpenbaringen er Guds ord som var skrevet ned bare på grunn av Guds ønske.

Derfor er det mange fraser som "Gud sier," "Herren sier," og "Gud vår Herre sier." Disse bekrefter at Bibelen ikke er menneskenes ord, men Guds ord.

Bibelen har seksti-seks bøker som inneholder tretti-ni bøker fra det Gamle Testamentet og tjuesju bøker ifra det Nye Testamentet. Antall forfattere er beregnet som 34. Perioden som Bibelen ble skrevet kommer fra f. Kr. 1500 til e.Kr. 100 for omkring 1,600 år. Hva som er fantastisk er at fordi om mange forfattere har skrevet den, hele Bibelen er fullstendig forståelig fra begynnelsen til slutten, og hvert vers stemmer overens med de andre versene.

I Profeten Esaias 34:16 kan du derfor lese, *"Se etter i Herrens bok og les: Ikke et av disse dyr skal mangle, det ene skal ikke savne det andre; for Hans munn byder det, og Hans Ånd samler dem."*

Slikt kan finne sted fordi Bibelens originale forfatter er Gud, fordi den Hellige Ånd styrer over hjertene til forfatterene og samler sammen ordene. Hva du skal huske er at forfatterene til Bibelen bare er en taleskribent som skrev for Gud, og den originale forfatteren av Bibelen er Gud.

La oss gi et eksempel. Forestill deg at det er en gammel mor som bor i et landlig område. Hun sender et brev til hennes yngre sønn som studerer i byen. Hun er analfabet, så hun artikulerer hennes beskjed til hennes eldste sønn. Når den yngre sønnen i byen får brevet, tror han at hans mor sendte brevet til ham, ikke at hans eldre bror sendte det, fordi om det faktisk var skrevet av hans bror. Det er akkurat det samme med Bibelen.

Guds Kjærlighets Brev Er Fulle Av Velsignelser og Løfter

Bibelen var skrevet av Guds sjelefylte tjenerene for å åpenbare selve Gud. Du må tro på det faktum at dette er ordene til den trofaste Gud som åpenbarer seg selv.

Guds ord er ånden og livet (Johannes' Evangelium 6:63), så hvem som enn hører og tror på det vil oppnå et evig liv hvor hans sjel får et rikelig liv. Hvem som enn tror og overholder Guds ord vil nyte et rikt liv og vil bli en av Guds perfekte menn akkurat som Jesus Kristus.

Gud kom personlig til jorden for å vise seg selv til menneskeheten, og den personligheten var Jesus. Filip, en av Jesus disipler, var uvitende om dette og forlangte at Jesus skulle vise ham Gud. Han mislykkes i å innse at Jesus var Gud som ble legemliggjort.

Johannes' Evangelium 14:8 og de følgende versene introduserer samtalen mellom Filip og Jesus:

> *Filip sier til Ham: "Herre, vis oss Faderen, og det er oss nok." Jesus sier til ham: "Så lang en tid har jeg vært hos eder, og du kjenner meg ikke, Filip? Den som har sett meg, har sett Faderen; hvorledes kan du da si, 'Vis oss Faderen'? Tror du ikke at jeg er i Faderen og Faderen i meg? De ord jeg sier til eder, taler jeg ikke av meg selv, men Faderen, som blir i meg, han gjør sine gjerninger." (Johannes' Evangelium 14:8-10).*

Fordi om Jesus ga overbevisende bevis på at Han og Gud er en ved å utføre mirakler som ville ha vært umulige uten Gud's makt, Filip ville at Jesus skulle vise ham Faderen. Jesus befalte ham om å tro på Hans lære med bevis på selve miraklene.

Gud kom til denne verdenen personlig for å vise seg selv, og Gud hadde Bibelen skrevet fordi det er vanligvis umulig for mennesker å se Ham med menneskelig øyne.

Derfor kan du ha velsignelse og svar som Gud lovte i Bibelen når du har et godt forhold til den levende Gud gjennom Bibelen, kjenner Hans ønske og forsyn, og observerer Hans Ord.

Alle Ord i Bibelen Er Sanne

Historiske journaler tillater deg å kjenne folk eller episoder på en bestemt tid før i tiden. Historie er en beretning om tidenes forandringer og det viser deg i detaljer de spesielle ting, folk, eller leve vilkårene på den tiden. Menneskenes historie har bevist at Bibelen er sann. Du finner ut at Bibelen er historisk og realistisk, spesielt når du forsiktig ser på begivenhetene, folkene, stedene, eller tradisjonene som ble skrevet ned i Bibelen.

Siden det Gamle Testamentet har riktignok blitt satt ned basert på objektive faktum som viktige eller ubetydelige informasjonsdeler som har forekommet individer, mennesker, eller grupper fra Adam og Eva's tid, Israel har helt til i dag betraktet det Gamle Testamentet som det hellige og historiske dokumentet til deres nasjon og arv. Til og med mange historikere godkjenner Bibelen som en pålitelig kilde.

Historie Beviser Sannheten om Bibelen

Først og fremst, basert på Biblen, vil jeg gjerne dele Israels historie med deg og bevise at Guds ord er sant.

Adam, menneskenes forfader syndet mot Gud, så hans etterkommere som inkluderer alle menneskene har gått syndenes vei og har levet uten å kjenne deres Skaper, Gud. Akkurat da, valgte Gud en nasjon og bestemte seg for å vise sitt ønske og forsyn gjennom det.

Først kalte Gud på Abraham som hadde det beste "hjerterommet," renset ham, og gjorde ham til troens far.

Abraham var Isaks far, Isak var faren til Jakob, og Gud kalte Jakob "Israel, " og lagde tolv stammer ut fra hans tolv sønner.

Når Jakob levde, flyttet Gud ham til Egypt og satte han i stand til å lage en nasjon ved å øke hans etterkommere og til slutt lede ham til landet Canaan.

Gud ga Moses Loven under hans opphold i villmarken, trente isralittene til å leve etter Hans Budskap, og ledet dem bare med Hans Budskap.

Etter at de ble ledet til Canaan landet, lykkes de bare når de adlød Loven. Når Israel holdt idoler og begikk ondskaper, deres nasjonalmakt ble svekket og de led av utenlanske invasjoner. Isralittene ble fengslet eller satt til slaver. Når de angret, ble deres nasjon gjenopprettet. Denne syklus gjentok seg igjen og igjen.

Derfor viser Gud alle menneskene gjennom Israel's historie at Gud lever og at Han styrer alt Ordet sitt.

Du kan også se at forutsigelsene i Bibelen har blitt fulført og er ved å bli fulført. For eksempel, i Luke 19:43-44, Jesus refererer til Jerusalems undergang, og sier:

For de dager skal komme over deg da dine fiender skal kaste en voll opp om deg og kringsette dig og trenge deg fra alle sider, og slå deg til jorden og dine barn i deg, fordi du ikke kjente din besøkelses tid.

I disse versene, Jesus mente å ha byen Jerusalem ødelagt på grunn av deres økte ondskap. Forutsigelsen var fulført i 70 e.kr., når General Titus av det Romerske keiserdømme ba hans menn om å bygge en bankett mot Jerusalem, omringe den, og drepe mange mennesker innenfor veggene. Dette fant sted bare 40 år etter Jesus' profeti.

Jesus fortalte i Matteus 24:32, *"Lær en lignelse av fikentreet: Så snart det kommer saft i deres grener, og deres blader springer ut, da vet jeg at sommeren er nær."* Fikentreet her symboliserer nasjonen Israel, og denne parabel lærer Israel til å bli selvstendig når Jesus' Andre Tilbakekomst nærmer seg. Til sist bekrefter historien at Guds ord ble til virkelighet når Israel falt i 70 e.Kr. og var mirakuløst gjenopprettet 14. mai, 1948 – 1900 år etter dens ødeleggelse.

Forutsigelsen av det Gamle Testamentet og Dens Oppfyllelse I det Nye Testamentet

Jeg vitner til at Bibelen er sann ved å studere hvor forutsigelsen i den Gamle Bibelen har blitt gjennomført under det Nye Testamentet.

Loven til det Gamle Testamentet var ikke den perfekte måten å "skaffe seg Guds sanne barn." Det var bare en skygge av hvordan man demonstrerer Gud. Det var derfor Gud lovet at Messias ville komme gjennom det Gamle Testamentet. Når tiden kommer, sendte Han Jesus Kristus til denne verden for å holde Hans løfte.

Det er bevis på at Jesus kom ned til jorden for 2,000 år siden.

Den vestlig historien er stort sett delt inn i to grupper i forhold til Jesus' fødsel. "F. Kr." står for *Før Kristus*, menes tiden før Jesus Kristus tid, mens "e.Kr." står for etter Kristus som menes "når vår Herre levde." Til og med selve historien er enig om Jesus fødsel. La oss først se på 1. Mosebok 3:15:

Og jeg vil sette fiendeskap mellom deg og kvinnen, og mellom din familie og hennes familie; den skal knuse ditt hode, men du skal knuse dens hæl.

Verset som forutsiger at vår Frelser, som er et frø av kvinnen, ville komme og ødelegge dødens makt. "Kvinnen" i denne overføringen menes Israel. Egentlig kom Jesus til jorden som en sønn av Josef som tilhørte slekten Judah i Israel (Lukas' Eevangelium 1:26-32).

Profeten Esaias 7:14 sier, *"Derfor vil Herren selv gi dere et tegn: Se, en jomfru blir fruktsommelig og føder en sønn, og hun gir Ham navnet Immanuel."*

Dette antyder at Guds Sønn vil bli sendt for å sone for menneskenes synder ved å bli befruktet av den Hellige Ånd. Jomfru Maria fødte virkelig Jesus gjennom den Hellige Ånd (Matteus 1:18-25).

Det var forutsagt at Jesus skulle fødes i området rundt Betlehem, som Mika 5:1 leser:

Men du Betlehem Efrata, som er liten til å være med blandt Judas tusener! Av deg skal det utgå for meg en som skal være hersker over Israel, og hans utgang er fra fordum, fra evighets dager.

Dette ønske ble utfylt da Jesus ble født i Betlehem, under Kong Herod's tid. Til og med historien er enig om dette.

Mange uskyldige spedbarn ble massakret av Kong Herod rundt Jesus fødsel (Profeten Jeremias 31:15; Matteus evangelium 2:16), Jesus' inngang inn til Jerusalem (Sakarias 9:9; Matteus 21:1-11), og Jesus' oppstigning til himmelen (Salmenes Bok 16:10; Apostelens Gjerninger 1:9) var profetert og fulført deretter.

I tillegg ble utroskapen til Judas Iskariot, som fulgte Jesus i 3 år (Salmenes bok 41:9) og hans bedrageri av Jesus med tredve sølv deler (Sakarias 11:12) både forutsagt og oppnådd.

Du kan derfor være overbevist om at Bibelen er sann og at det virkelig er Guds ord, spesielt når du ser at alle forutsigelsene i det Gamle Testamentet var fullstendig oppnådd.

Forutsigelser i Bibelen som Ennå Ikke er Oppnådd

Gud skapte Jesus Kristus vår Frelser ved å utføre alle forutsigelsene til den Gamle Bibelen under tiden til det Nye Testamentet. Alle Jesus forutsigelser, veien til Israels historie, og menneskenes historie, var oppnådd uten noen som helst feiltakelse. Ved gransking av verdens historien ble det funnet at alle forutsigelses ordene i Bibelen har blitt oppnådd og vil bli oppnådd.

Forutsigelsene i både det Gamle Testamentet og det Nye

Testamentets tider forutsier oppstandelsen og nedgangen til verdens makten, ødeleggelsen og oppbyggingen av Jerusalem, og de fremtidige affærene til de viktige personene. Mange forutsigelser i Bibelen har blitt utført og blir nå utført, og folk ser fremdeles etter Jesus' andre Tilbakekomst, Bruddet, Tusenårsriket, og Dommen til den Den Store Hvite Skaren. Vår Herre gjør nå klar stedet som Han lovte (Johannes evangelium 14:2), og Han vil snart ta deg til et evig sted.

Vår verden lider nå av hungersnød, jordskjelv, unormalt vær, og store ulykker. Du skulle ikke betrakte det som et sammentreff, men heller innse at Jesus' Andre Nedkomst kommer nærmere (Matteus 24:3-14). Du skal bli fullstendig frelst ved å være våken og kle deg ut som en brud.

2. Kapittel

Gud Skaper og Kultiverer Menneskene

- Gud Skaper Menneskene
- Hvorfor Kultiverer Gud Menneskene?
- Gud Skiller Klinten fra Hveten

Gud skapte mennesket i sitt billede, i Guds billede skapte han det; til mann og kvinne skapte han dem. Og Gud velsignet dem og sa til dem: "Vær fruktbare og bli mange og oppfyll jorden og legg den under eder, og råd over fiskene i havet og over fuglene på himmelen og over hvert dyr som rører seg på jorden!"

1. Mosebok 1:27-28

Minst en gang i ditt liv, vil du spørre fundamentale spørsmål slik som opprinnelsen, destinasjonen, grunnen, og om livets mening. Så prøver du om å få svar. Mange mennesker prøver forskjellige metoder for å løse disse problemene, men dør uten å ha fått noe ordentlige svar.

Verdens-berømte vismann som Konfucius, Budda, eller Sokrates strevde også med å få tak i disse fundamentale svarene. Konfucius fokuserte på moralene, som ettertrykte at den perfekte fordel var sett på som et etisk forbilde, og brakte mange disipliner. Budda sonet i lang tid for å kunne bli befridd fra den jordiske tilværelsen. Sokrates søkte etter sannheten på hans egen måte og søkte etter den sanne kunnskapen.

Likevel kunne ingen av dem finne en varig, fundamental forklaring, nå den virkelige sannheten, eller oppnå et evig liv. Dette var på grunn av at sannheten ble gjemt før verdens skapelse er noe spirituelt som er usynlig og ubestemt. Du kan ikke finne klare svar på livet til du forstår Skaperens forsyn om menneskenes kultur.

Gud Skaper Menneskene

En mystisk formasjon av organer og celler og vev til

menneskenes kropp er grenseløs. Gud som skapte menneskene slik vil gjerne skaffe seg virkelige barn sammen med Han som han alltid kan dele kjærligheten med og mere. På grunn av dette skapte Gud menn i Hans billede og Hans likhet og har kultivert menn og forberedt himmelen.

Så hvordan skapte Gud alle ting i universet og utviklet menneskene?

Gud's Seks Dagers Skapelse

1. Mosebok 1 beskriver godt prosessen om da Gud skapte himmelen og jorden på seks dager. Gud sa, *"La det bli lys,"* og det ble lys (1. Mosebok 1:3). Da sa Han, *"Vannet under himmelen samle seg til et sted, og det tørre land komme til syne!* Og det ble slik (1. Mosebok 1:9). Osv.

Som det er skrevet i Brevet til Hebreerne 11:3, *"Ved tro skjønner vi at verden er kommet i stand ved Guds ord, så det som sees, ikke ble til av det synlige,"* Gud skapte hele universet med Hans ord.

Gud skapte lyset den første dagen, og skapte himmelhvelvingen den ande dagen. Den tredje dagen, når Gud sa, "La vannet nedenfor himmelen komme sammen på et sted, og la det tørre landet komme til syne," det var slik og Gud kalte det tørre landet jordkloden, og samlingen av vannet kalte Han havet. Da sa Gud, *"La jorden gro vegetasjon: planter som gir frø, og frukt trær på jorden som bærer frukt etter deres eget slag,"* (1. Mosebok 1:11) jorden brakte frem vegetasjon, planter som ga frø etter seg, og trær som bærer frukt med frø inne i dem.

Den fjerde dagen, skapte Han solen, månen, og stjernene i utvidelsen av himmelen, og la solen styre dagen og månen styre natten. Den femte dagen, skapte Han havets skapninger og hver enkel levende og bevegende ting som vrimler rundt i den. Den sjette dagen, skapte Han buskapet, dyrene som holder til på bakken, og villdyrene, alt etter deres eget slag.

Menn Skapte i Guds Speilbilde

Skaperen hadde laget et miljø på seks dager hvor menneskene kunne leve, og så skapte Han menneskene i Hans eget bilde. Han frelset menneskene som herren av alle skapninger, og ba dem om å kue og styre dem.

Gud skapte menneskene som sitt eget speilbilde, i Guds speilbilde skapte de ham; Han skapte mann og kvinne. Og Gud velsignet dem og sa til dem: "Vær fruktbare og bli mange og oppfyll jorden og legg den under eder, og råd over fiskene i havet og over fuglene på himmelen og over hvert dyr som rører seg på jorden." (1. Mosebok 1:27-28).

Hvordan laget Gud menneskene?

Og Gud Herren dannet menneskene og jordens muld og blåste livets ånde inn i hans nese; og mennesket ble til en levende sjel. (1. Mosebok 2:7)

I dette verset overføres støv til leire. En dyktig pottemaker som bruker kvalitetsleire, lager seladongrønt porselen eller hvit porselen til høy pris. På den annen side lager noen andre pottemakere uglaserte keramisk kunsthåndverk, takstein, eller murstein.

Verdien av et keramisk kusthåndtverk kommer mest an på hvem som har laget det, hvor dyktig det var laget, hva slags leire som var brukt, og hva slags keramisk kunsthåndtverk det er. Som den Allmektige Gud, Skaperen formerte menneskene i Hans speilbilde, hvor vakkert gjorde Han det?

Etter at Han hadde formert menneskene etter Hans eget speilbilde fra bare støv, pustet Gud liv inn i hans neseborer, d.v.s. den levende energi. Menneskene ble da en levende sjel. Livets pust er styrke, makt, energi, og Guds ånd.

Gud Puster Livets Ånde Inn i Mennesket

Når du tenker på prosessen av lysstoffbelysningens utstråling, kan du lettere forstå prosessen om at menneskene var skapt som en levende ånd. Hvis du vil at en lysstoffbelysning skal utstråle, må du først lage en godt fabrikert en og så plugge det inn. Men det vil allikevel ikke utstråle til du tenner den elektriske strømmen.

TV hjemme hos deg virker på samme måte. Du kan ikke se noe på skjermen før du slår det på, men så fort det er på, kan du se og høre forskjellige slags bilder og lyder. Du kan gjøre bildene synlig på skjermen så fort du tenner på fjernsynet. Men bak på fjernsynet er det immidlertid detaljerte deler som er satt sammen på en veldig komplisert måte. Akkurat som at Gud ikke bare formerte menneskenes fasong, men også de indre organene og benene i dem ifra støvet på bakken. Han lagde årer hvor blod fløt gjennom og nervesystemet som kunne utføre virksomheten perfekt. Guds makt kan forandre støv til myk hud hvis eller når Han vil. Akkurat som å tillate strømmen av elektrisitet, pustet Han livsånde inn i mennesket. Så begynte blodet inne i dem å sirkulere med en gang, og han kunne puste og bevege seg.

I tillegg, fordi Gud lager hukommelses enheter i menneskenes hjerneceller, menneskene tar inn og oppbevarer hva de hører og føler i hjernecellene. Alt som blir satt inn og memorisert blir til kunnskap, og kunnskapen er reprodusert som tanker. Når du bruker den lagrede kunnskapen i livet, kaller vi det visdom.

Menneskene, skjønt bare levende vesen, har øket deres visdom og kunnskaper, og utviklet en omfattende vitenskapelig sivilisasjon. Nå utforsker de universet og lager datamaskiner og innlegger omfattende informasjoner på dem eller omspiller det slik at de drar stor fordel av datamaskinene akkurat som Gud lagde hukommelses enheter i hjernecellene. De har kommet så langt at de lager A.I. datamaskiner som kan gjenkjenne menneskenes stemme og kan kommunisere med andre. De vil bli mere og mere utviklet etter som tiden går.

Hvor mye lettere var det ikke for Skaperen, den Allmektige Gud, å formere mennesket ifra støvet på bakken og puste livsånden inn i dem for å lage dem til et levende vesen. Det er så lett for Gud som kan lave noe ut av ingenting, men det er også herlig og umålelig for menneskene (Salmenes bok 139:13-14).

Hvorfor Kultiverer Gud Menneskene?

Jesus lærer oss Guds forsyn gjennom mange parabler. På grunn av at den spirituelle realitet ikke kan bli forstått med menneskenes kunnskaper, brukte Han jordiske objekter i parablene for å få deg til å forstå. Mange av disse har med kultur å gjøre. For eksempel er det parabler for såmannen (Matteus 13:3-23; Markus 4:3-20; Lukas 8:4-15), parablene til et senneps frø (Matteus 13:31-32; Markus 4:30-32; Lukas 13:18-19), parablene til ugress på markene (Matteus 13:24-30, 36-43), parablene til en vinhave (Matteus 29:1-16), og parablene til leieboerne (Matteus 21:33-41; Markus 12:1-9; Lukas 20:9-16).

Disse parablene viser oss at akkurat som bønder rydder jordene, sår frø, kultiverer dem, og høster avling, Gud formerer og kultiverer meneskene på jorden og vil skille klinten fra hveten.

Gud Vil Dele Sann Kjærlighet med Hans Barn

Gud har ikke bare guddommelighet men også menneskelighet. Guddommelighet er makten til den selveste allvitende Skaperen, og menneskeheten er menneskenes sinn. Slik skapte og styrer Gud hele universet, menneskenes historie og liv. Han føler også glede, vrede, sorg og fornøyelse, og vil gjerne dele kjærlighet med sine barn.

Bibelen viser oss ofte at Gud har personlighet akkurat som menneskene; Gud gleder seg og velsigner mennesker når de, laget i Guds speilbilde, gjør hva som er riktig, men Han klager og stønner i vrede når de synder. Guds ønske om å kommunisere med Hans barn og gi dem gode ting er ofte uttrykket i Guds verden.

Hvis Gud bare hadde hatt de guddommelige karakteristikkene, hadde Han ikke måttet hvile etter den seks dager lange skapelsen av universet, og ville ikke ha vennskap med oss og si, *"Bed uavlatelig"* (Det Første Tessalonikerbrev 5:17), og *"Rop til Meg, og Jeg vil svare deg, og Jeg vil forkynne deg store og ufattelige ting, ting som du ikke kjenner."* (Profeten Jeremias 33:3).

Noen ganger vil du være alene, men er lykkeligere til tider sammen med en likesinnet venn som kan dele hans eller hennes kjærlighet med deg. Likeledes skapte Gud menneskene i Hans speilbilde på grunn av at Han ville dele sin kjærlighet med noen. Han kultiverer menneskenes sjel på denne kloden på grunn av at Han gjerne vil ha sanne barn som kan forstå Hans hjerte og elske Ham fra hele deres hjerter.

Gud Vil At Barn Skal Adlyde av Deres Egen Fri Vlje

Noen vil kanskje undre hvorfor Gud skapte menneskene og har oppdratt dem selv om det er så mange lydige engler og den himmelske hærskaren. Men mange engler har likevel ingen menneskelige egenskaper som er det viktigste ved å dele kjærlighet. Med andre ord, de har ingen fri vilje til å velge selv.

De kommanderer godt som roboter, men de kan ikke føle glede, vrede, sorg, eller fornøyelse slik som menneskene. Derfor kan de ikke dele kjærligheten med Gud innerst inne fra deres hjerter. For eksempel, la oss anta at du har to barn. En av dem følger dine ordre uten å uttrykke noen form for sinnsbevegelse, mening, eller kjærlighet som en godt programmert robot. Den andre sårer deg, men er snart lei seg for hva hun eller han har gjort, klenger til deg kjærlig, og uttrykker deres følelser på mange måter. Hvem ville du så elske mere? Det blir selvfølgelig den siste.

La oss si at du har en robot som lager mat, gjør rent huset, og tjener deg. Men du vil ikke elske din robot mere enn dine barn. Samme hvor hardt roboten arbeider for deg og hvor enn hjelpsom den er, kan den ikke ta plassen til dine barn.

Likeledes foretrekker Gud menneskene som lykkelig adlyder Ham med deres fri vilje med grunn og følelse enn engler og den himmelske hærskaren, som spiller som lydige programmerte roboter. Han gir menneskene fri vilje og Hans Ord. Så lærer Han dem om godt og ondt og hva frelse eller døden er. Han venter tålmodig til de blir sanne barn.

Guds Menneskelige Kultivasjon med Foreldrekjærlighet

Det er skrevet i 1. Mosebok 6:5-6 at *"Og Herren så at menneskets ondskap var stor på jorden, og at alle dets hjertes tanker og påfund bare var onde den hele dagen. Da angret Herren at Han hadde skapt mennesker på jorden, og Han var*

full av sorg i sitt hjerte."
Menes dette at Gud ikke viste om dette faktum når Han skapte menneskene? Han viste så absolutt om det. Gud er allvitende og allmektig så Han viste alt før tidens begynnelse. Likevel skapte Han menneskene og kultiverte dem. Hvis du er foreldre, forstår du kanskje dette bedre. Hvor hardt det er å føde barn og oppdra dem! Mens kvinnen er gravid, mange slags lidelser som kvalme varer i ni måneder. Når moren føder har hun kraftige smerter. For å mate, kle, og lære barn, må foreldrene streve mye og arbeide hardt dag og natt. Når barna kommer sent hjem, er foreldrene bekymret for dem. Når de blir syke, deres foreldre føler mye mere smerter enn barna.

Hvorfor har vi barn tross alle smertene og kraftanstrengelsene? Grunnen er at foreldrene vil ha gjenstander som de kan dele kjærlighet, hovedsakelig noen som kan føle foreldrenes kjærlighet og elske deres foreldre helt innerst inne i deres hjerter. For foreldre, til og med slike smerter gir glede. Videre, hvis barn er veldig like deres foreldre, da er de fantastiske! Selvfølgelig, alle barn er ikke like lydige overfor deres foreldre. Noen barn elsker og respekterer deres foreldre, men noen gir dem sorger.

Men fordi om vi kjenner til alle smertene ved å oppdra barn, foreldre tar ikke dette i betraktning som smerter. I stedet lager de store anstrengelser, forventer at deres barn skal vokse opp godt og for å bli deres glede. På samme måten, Gud viste at menneskene ikke alltid ville adlyde, ville bli korrupt, og forårsake sorg, men Han viste også at det ville bli noen sanne barn som ville dele kjærligheten med Ham. Derfor skapte Gud menneskene og har oppdratt dem frivillig.

Gud Vil Dele Sann Kjærlighet med Hans Barn

Gud kultiverer menneskenes sjeler på jorden ikke bare for å skaffe seg sanne barn, men også for å bli lovpriset gjennom dem. Gud kan ta imot ære fra mange engler og den himmelske hærskaren aldri så mye. Men hva Han imidlertid virkelig vil er å bli lovpriset av Hans kultiverte, sanne barn fra innerst inne i deres hjerter.

Gud forteller i Profeten Esias 43:7 at *"Hver den som nevnes med mitt navn, og som jeg har skapt til min ære, som jeg har dannet og gjort,"* og instruerer deg i 1.korinterbrevene 10:31, *"Enten dere altså drikker eller eter, eller hva dere gjør, så gi alt til Guds ære."*

Gud er Skaperen, Kjærligheten og Rettferdigheten. Han ga Hans eneste Sønn for å spare oss, og gjorde istand himmelen og det evige liv. Han er mer enn verdt til å bli æret. Dessuten vil Han returnere æren til de som gir Ham ære.

Derfor skulle du bli Guds sanne barn som kan dele kjærligheten med Ham for alltid ved å forstå hvorfor Gud vil bli æret gjennom Hans spirituelle-kultiverte barn.

Gud Skiller Klinten fra Hveten

Bønder kultiverer jorden fordi de vil høste inn store mengder med avling. Gud kultiverer også de menneskelige sjelene på jorden for å få sanne barn som ikke bare elsker og ærer Ham fra deres hjerter, men også deler evig kjærlighet med Ham i himmelen. Det er alltid både hveten og klinten ved innhøstingen, så bønnene skiller klinten ifra hveten, samler hveten inn på låvene deres, og brenner opp klinten. På samme måte vil Gud skille klinten ifra hveten på slutten av kultivasjonen av menneskenes ånder:

Han har sin kasteskovl i sin hånd, og Han skal rense
sin låve og samle sin hvete i laden, men agnene skal
Han brenne opp med uslukkelig ild (Matteus 3:12).

Derfor må du tro fult og fast på at Gud kultiverer menneskenes sjel på jorden, og på Hans egen tid vil Han samle hveten - de sanne barna – inn til himmelen for evig liv, men brenne klinten med uslukkelig helvetes ild.

Så la oss forske videre inntil vi finner ut av hva slags menn som er hveten og hva slags menn som er klinten i Guds øyne, og hva slags steder himmelen og helvete er.

Hveten og Klinten

Hveten symboliserer de som aksepterer Jesus Kristus, spasere i sannheten, og deler kjærligheten med Gud. De er lysets barn som blir gjenvunnet av de tapte bildene av Gud, og gjør hva enn Gud sier.

På den annen side, skillet representerer de som ikke aksepterer Jesus Kristus, eller de som påstår å tro, men som ikke lever etter Gud's ord, men følger deres egne onde ønsker.

1. Timoteus 2:4 beskriver vår Gud som den som *"han som vil at alle mennesker skal bli frelst og komme til sannhets erkjennelse."* Gud vil gjerne at alle mennesker skal være hvete og gå inn i himmelens kongerike. Gud prøver å få deg til å innse dette på mange måter og leder deg til frelsens vei. Men det er allikevel noen mennesker som overskrider Gud's vilje og forsyn i forhold til deres egen fri vilje. Disse folkene er ikke bedre enn udyr til Gud fordi de har mistet menneskene's verdier.

Bønder brenner klinten i ilden og bruker det som gjødsel, for hvis både hveten og klinten er samlet inn i låven vil hveten råtne. Derfor vil ikke Gud la klinten komme inn i himmelens kongerike hvor hveten skal være. I motsetning til dyr, en mann har en evig ånd på grunn av at Gud pustet ånden inn i hans liv når Han skapte han. Så Gud kan ikke ødelegge klinten, eller la de bli gjort til noe.

Det er uungåelig for Gud å samle hveten i himmelen og la dem glede seg over den evige lykken, og å brenne klinten i den uslukkelige helvetesilden for alltid. Således må du holde fakta i tankene for ikke å bli kastet inn i helvetes ilden.

Himmelens Skjønnhet og Helvetes Forferdelse

På den ene siden er himmelen for pen til å bli sammenlignet med noe som helst i verden. For eksempel, blomster i denne verdenen visner fort, men blomster i himmelen hverken visner eller faller av på grunn av at alt i himmelen er evig. Veiene er laget av ren gull som er klar som glass, Livets Elv skinner som rent krystall som renner gjennom, og huser er laget av all slags strålende juveler. Alt er målløst vakkert (venligst referer til *Himmelen I & II*). På den annen side, helvete er hvor marken ikke dør, og flammene ikke kan bli slukket. Alle der vil bli saltet med ilden (Markus 9:48-49). Dessuten er det også et vann med brennende svovel i helvete som er syv ganger så varmt som ildsjøen (Johannes Åpenbaring 20:10, 15). Hvor forferdelig og skrekkelig det må være å bo der for evig (venligst referer til *Helvete*)!

Derfor, sa Jesus i Markus 9:43 at "*Hvis din hånd får deg til å snuble, skjær den av; det er bedre for deg å komme inn til dette livet invalid, enn å beholde dine to hender og gå inn i helvete, inn i den uslokkelige ilden.*"

Hvorfor måtte den elskede Gud skape både det forferdelige helvete og den skjønne himmelen? Hvis onde menn har lov til å gå inn hvor de som er gode og kjærlige til Gud vil bo, vil det bli smertefult for de gode menneskene og himelen vil bli forurenset med ondskap. Kort sagt, Gud laget helvete på grunn av at Han elsker menneskene og vil gi Hans barn det beste.

Dommen til Den Store Hvite Skaren

Akkurat som bøndene sår frø og høster dem år etter år har Gud kultivert menneskenes sjel siden Adam ble drevet ut av Edens Have og vil gjøre det inntil Jesus kommer tilbake.

Gud viste Hans vilje til troens forfedre som Noah, Abraham, Moses, døperen Johannes, Peter, og apostelen Paulus. I dag, kultiverer Han menneskene kontinuerlig gjennom Hans tjenere og arbeidere. Men fremdeles akkurat som at en slutt kommer etter en begynnelse, kultivasjonen av menneskenes sjeler vil ikke vare i evigheter.

Apostelen Peters Annet Brev 3:8 forteller oss, *"Men dette ene må dere ikke være blinde for, dere elskede, at en dag er i Herrens øyne som tusen år, og tusen år som en dag."* Akkurat som Gud hvilte den syvende dagen etter de seks skapelses dagene av universet, Jesus' kommer og det Nye Millennium, Sabbat perioden vil komme etter seks tusen år siden Adams ulydighet. Etter det, gjennom Dommen av den Store Hvite Skaren, tillot Gud hveten til å komme inn i himmelen og ville kaste vekk klinten inn i helvetesilden.

Derfor ber jeg for Herren Jesus navn at jeg må godt forstå Guds forsyn og kjærlighet av menneskenes kultivasjon, leve et frelset liv, og ære Gud med et glødende håp om himmelen.

3. Kapittel

TREET MED KUNNSKAPET OM GODT OG ONDT

- Adam og Eva i Edens Have
- Adam var Ulydig Av Egen Fri Vilje
- Døden Kommer ved Føring av Synd
- Hvorfor Plantet Gud Treet med Vitenskapen om Godt og Ondt i Edens Have?

Og Gud Herren tok mennesket og satte han i Edens have til å dyrke og vokte denm. Og Gud Herren bød mennesket: "Du må fritt ete av alle trær i haven; men treet til kunnskap om godt og ondt, det må du ikke ete av; for på den dag du eter av det, skal du visselig dø."

1. Mosebok 2:15-17

De som ikke kjenner Skaperens store kjærlighet og Hans dype og intense forsyn for oppdragelse av Hans sanne barn vil kanskje spørre, "Hvorfor plaserte Gud treet i Edens have når Han kjente til kunnskapen om godt og ondt?" "Hvorfor lot Han den første mannen gå sin undergang i møte?" De tror at menneskene ikke ville ha dødd og ville ha nytet et lykkelig evig liv i Edens have bare hvis Gud ikke hadde plasert treet der.

Noen av dem sier til og med noe lignende om at "Gud kanskje ikke visste på forhånd at Adam ville spise frukten av treet med hensikt til det gode og det onde." fordi de tror ikke på Guds allvitenhet og allmakt. Plaserte Han treet i Edens have med dårlig innsikt uten å kjenne til Adams fremtidige ulydighet? Eller plantet Gud treet der med hensikt og ledet menneskene til døden? Selvfølgelig ikke!

Men hvorfor plantet Gud treet med kunnskapen om godt og ondt i midten av Edens have? Hvorfor adlød ikke Adam Guds kommando, men falt inn i døden?

Adam og Eva i Edens Have

Gud skapte menneskene fra støvet på bakken og pustet livets ånde inn i deres nese, og mannen ble et levende vesen (1.

Mosebok 2:7). Et levende vesen er et spirituelt vesen som ikke har noen som helst kjennskap til når de først ble skapt. La oss gi et lett eksempel. En nyfødt barn har ingen visdom om kunnskaper. Barnet har et hukommelses system i hjernen, men har aldri sett, hørt, eller blitt lært noe. Så barnet kan bare handle instinktivt. På samme måte, Adam hadde ikke noe spirituell visdom eller kunnskaper når han først ble et menneske.

Adam Lærte om Livets Kunnskaper fra Gud

Gud plantet en have i øst, i Eden, og puttet Adam der. Gud ga Adam ansikt til ansikt kunnskap om livet og sannheten, spasere med ham slik at Han kunne la Adam kontrollere og styre Edens have.

1. Mosebok 2:19 sier, *"Og Gud Herren hadde dannet av jorden alle dyr på marken og alle fugler under himmelen, og Han ledet dem til mennesket for å se hva Han ville kalle dem; og som mennesket kalte hver levende skapning, så skulle den hete."* Adam var utstyrt med livets kunnskaper nok til å herske over alle ting.

Det var heller ikke en god ide for Adam å være alene. Derfor forårsaket Gud til at han falt inn i en dyp søvn til at han fikk laget en passende hjelper til ham. Gud tok en av mannens ribben og lukket stedet med hud mens mannen sov. Så skapte han en kvinne fra ribbenet som Han hadde tatt ut av mannen, og brakte henne til mannen. Gud forente mannen med hans kone, og de ble et kjøtt (1. Mosebok 2:20-22).

Dette var ikke på grunn av at Adam følte seg ensom, men på grunn av at Gud hadde vært alene lang tid før tidens begynnelse og visste hva ensomhet var. Guds store kjærlighet og eleganse led Ham til å skape Adams hjelper, og siden Han kjente til Adams situasjon i forveien, velsignet Han mannen og kvinnen til å være fruktbar, trives og fylle verdenen.

Adams Lange Liv i Edens Have

Hvor lenge levde så Adam og hans kone Eva i Edens have? Bibelen diskuterer ikke dette i detaljer, men du vet nok at de måtte ha levd der lenger enn hva de fleste mennesker tror. Denne Bibelen forteller disse faktum bare i et par vers. Derfor tror mange mennesker at Adam spiste den forbudne frukten og gled inn til ødeleggelse like etter at Gud hadde satt ham inn i Edens have. Noen av dem spør, "Bibelen sier at menneskenes historie er seks tusen år, men hvordan kan du forklare om mange fossiler som er datert fra mange hundretusen år tilbake?"

Historien av menneskenes kultivasjon i Bibelen er rundt 6,000 år gammel, og starter fra tiden når Adam og Eva ble drevet ut av Eden. Det inkluderer ikke den lange perioden som de bodde i Edens have. Etter lang tid, hadde det vært utmerkede geologiske og geografiske forandringer som for eksempel jordens skorpe reaksjon og flere reproduseringsykluser og utslettelser hadde nå allerede skjedd på kloden. Like som vi diskuterte i 1. Kapittel, mange fossiler vitnet til dette faktum.

Akkurat som Gud velsignet Adam og hans kone i 1. Mosebok 1:28, den første mannen Adam, før han ble fordømt, hadde i lang tid spasert med Gud og født mange barn og fylt Edens Have. Som herre av alle skapte ting beseiret og styrte Adam kloden like som Edens have.

Adam var Ulydig Av Egen Fri Vilje

Gud ga Adam og Eva hver sin fri vilje og tillot dem å nyte rikdommen og gleden med Eden's have. Men det var en ting som Gud forbød. Gud kommanderte dem å ikke spise fra treet med kunnskapen om godt og ondt.

Hvis Adam hadde forstått Guds dype hjerte og virkelig elsket Ham, ville han ikke ha spist av den forbudne frukt fordi han visste om Guds befaling. Men likevel adlød han ikke denne spesielle befalingen fordi hans kjærlghet for Gud ikke var sann.

Gud plantet treet med vitenskap om godt og ondt i Edens hage, og etablerte en streng lov mellom Gud og menneskene. Han tillot menneskene å holde befalingen av sin egen vilje. Det var på grunn av at Han ville skape sanne barn som ville adlyde Ham helt innerst inne fra deres hjerter.

Adam Forsømte Guds Ord

I bibelen, Gud lovet ofte velsignelse til de som adlød alle Hans befalinger og tok hensyn til Hans ord (5. Mosebok 15:4-6, 28:1-14). Men hvem adlyder alle Hans befalinger? Til og med Bibelen innrømmer at det er bare et par menn i verden som kan.

Gud må ha lært den første mannen Adam at han kunne nyte

evig liv og velsignelser så lenge han adlød Gud, men han ville komme til den evige døden hvis han ikke adlød Gud. Gud advarte dem om ikke å spise fra treet med kunnskapen om godt og ondt. Men Adam og Eva ignorerte Guds befaling, og spiste den forbudne frukten. Satan prøvde å forstyrre Guds plan om å oppdra sanne og spirituelle barn helt fra begynnelsen. Til sist lykkedes Satan i hans fristelse om å spise eplene gjennom slangen som var smartere enn noe annet vilt dyr (1. Mosebok 3:1). Adam og Eva adlød ikke Gud. Hvordan kunne Adam ikke adlyde Guds befaling siden han var en levende ånd og var bare lært opp av Guds sannhet?

I 1. Mosebok 2:15, finner vi ut at Gud lot Adam styre og ta vare på Edens have. Adam fikk makten og myndigheten ifra Gud til å styre og vakte det. Gud lot ham vakte det for at ikke djevelen og Satan skulle bryte seg inn. Til tross for det lykkedes Satan med å kontrollere slangen og med å friste Adam og Eva gjennom slangen. Hvordan var dette mulig?

Med et ord, Satan er en ond ånd som styrer over luftens kongedømme. Satan har ingen form. I Efeserbrevet 2:2, er Satan referert til som prinsen av luftens makt, og ånden som nu arbeider i ulydighetens sønner.

Fordi Satan er som radiobølger som flyr over luften, kunne Satan kontrollere slangen i Edens have ved å friste Adam og Eva. Første Mosebok viser en spesiell frase i reprise. På slutten av hver dag av skapelsen, Bibelen gjentar, "Gud så at det var godt." Denne frasen ble ikke gjentatt på den andre dagen når viddene ble laget.

Igjen snakker Efeserbrevet 2:2 om en tid *"som dere fordum vandret i etter dennes verdens løp, etter høvdingen over luften makter, den ånd som nå er virksom i vantroens barn."* Gud viste på forhånd at den onde ånden ville styre over luftens kongedømme.

Eva Falt inn i Slangens Fristelse

Slangen er bare en av dyrene på jordet. Hvordan lykkes de i å friste Eva til å ikke adlyde Guds kommando?

I Edens have kunne menneskene kommunisere med alle levende skapninger som blomster, trær, fugler, beist, osv. Eva kunne også kommunisere med slangen. Opprinnelig var slangene elsket av menneskene og på god fot med dem i motsetning til disse dagene. De var så glatte, rene, lange, runde og kloke at de var favorisert av Eva. De kjente henne godt og gledet henne. Saken er den samme med hunder som er favorisert av deres eiere på grunn av at de er smartere og følger bedre enn andre dyr.

Men mange mennesker sier at "slanger er forferdelige, giftige, og vemmelige." De liker ikke slanger på grunn av at det var de som lokket de første menneskene, Adam og hans kone Eva, til å bryte loven og sende dem inn i døden.

For å forstå slangenes natur, må du kjenne karakteristikkene til den originale bakgrunnen. Hver jordbunn har forskjellig ingredienser og forskjellig blandingsproporsjon. I forhold til ingrediensen som er puttet i jorden, jorden kan bli god eller dårlig. Når Gud skapte alle slags villdyr og alle slags fugler i luften, valgte Han forskjellig jordmarker som passet til hvert dyr (1. Mosebok 2:19). Gud lagde ikke slangene slue i begynnelsen. Gud laget dem kloke nok til å bli elsket av menneskene. Men likevel ble slangene slue etter at ondskapen hadde kommet gjennom denm. Hvis slangen ikke hadde fått Satans stemme, men bare inneholdt Guds vilje, ville det ha blitt et klokt og godt dyr. Fordi det hørte på og adlød Satans stemme, ble slangen imidlertidig et utspekulert dyr som narret Eva til å bli kastet inn i døden.

På Grunn Av At Eva Forandret Guds Ord

Slangen visste hva Gud hadde fortalt til Adam: *"Du må fritt ete av alle trær i haven; men treet til kunnskap om godt og ondt, det må du ikke ete av; for på den dag du eter av det, skal du visselig dø."* (1. Mosebok 2:16-17). Så slangen spurte Eva utspekulert, *"Det er ganske riktig at Gud har sagt at 'Du ikke skal spise fra treet i haven'?"* (v. 1).
Hvordan svarte Eva slangen?

Vi kan ete av frukten på trærne i haven; men om frukten på det treet som er midt i haven, har Gud sagt: Dere skal ikke ete av den og ikke røre ved den, for da skal dere dø. (1. Mosebok 3:2-3).

Gud ga Adam en klar advarsel: *"Men fra treet med kunnskapen om godt og ondt må du ikke ete av; for på den dag du eter av det, skal du visselig dø."* (1. Mosebok 2:17). Han la trykk på at de aldri ville leve hvis de spiste ifra treet. Evas svar var ikke så tydelig. Hun svarte bare forsiktig, "Du vil dø." Hun utelatet ordet "sikkert." Med andre ord, hun mente, "Hvis du spiser den forbudne frukten, vil eller vil du ikke dø."

Hun beholdt ikke Guds befaling i hennes sinn og tvilte litt på Guds ord. Etter at slangen hørte hennes uklare og tvilsomme svar, hastet den med å friste henne mer intenst. Den fordreide til og med Guds commando. Slangen sa til kvinnen, "Du vil sikkert ikke dø." Den begynte med å endre på Guds befaling og oppmuntret kvinnen: *"For Gud vet at på den dag dere eter av det, skal deres øyne åpnes, og dere skal bli likesom Gud og kjenne godt og ondt"* (1. Mosebok 3:5). Den fristet henne igjen, og stimulerte hennes nysgjerrighet mer.

Eva var Ulydig Av Egen Fri Vilje

Etter at Satan pustet syndige ønsker i kvinnen gjennom hennes troløse tanker, virket treet annerledes til henne enn hvordan hun til da hadde kjent det. 1. Mosebok 3:6 sier, *"Og kvinnen så at treet var godt og ete av, og at det var en lyst for øynene, og at det var et prektig tre, siden en kunne få forstand av det, og hun tok av frukten og åt; og hun gav sin mann med seg, og han åt."*

Hun skulle helt og holdent ha drevet ut fristen fra slangen. Begjæret til det syndige mennesket, lysten i hennes øyne, og livets stolthet fortærte henne, og drev henne inn i syndenes ulydighet.

Noen sier, "Spiste ikke Adam og Eva frukten av treet med

kunnskapet om det gode og det onde på grunn av at de hadde et 'syndig vesen?'" De hadde ikke et syndig vesen, bare godhet før de sluttet å adlyde. De hadde bare deres egen fri vilje hvor de kunne eller ikke kunne spise den forbudne frukten mot Guds befaling. Etter som tiden passerte, unnlot de Guds befaling. Satan fristet dem gjennom slangen og de ga opp til fristelsen. På den måten kom synden gjennom dem og de brøt befalingen som Gud hadde opprettet. Det er I likhet med barnas onde utvikling. Til og med et barn som er ond i handling og ord var ikke alltid ond og syndig fra fødselen av. Først immiterer han andre barns grove ord eller forbannelser uten å vite hva de mener. Eller han hermer etter en gutt som slår en annen, og nyter å slå andre gutter og å se at de plutselig begynner å gråte. Så han slår andre flere ganger og ondskap er oppstått og gror nå i ham.

På samme måte var Adam ikke et syndig vesen fra begynnelsen. Når han ikke adlød Guds befaling og spiste ifra treet av egen fri vilje, var syndigheten oppstått og ondskapen var opprettet i ham.

Døden Kommer ved Føring av Synd

Akkurat som Gud sa til Adam, "Du må ikke spise ifra treet med kunnskapen om det gode og det onde. Når du spiser av det vil du helt sikkert dø," Adam og Eva døde etter at de hadde spist av treet. Det står i Jakob 1:15, *"Deretter, når lysten har*

undfanget, føder den synd; men når synden er blitt fullmoden, føder den død."
Paulus Brev til Romerne 6:23 lærer deg den virkelige spirituelle loven om syndenes resultat, *"Døden kommer med føring av døden."* La oss se på hvordan døden kom til Adam og Eva på grunn av deres ulydighet.

Døden av Sjelen Deres

Gud fortalte Adam høyt og tydelig, *"Fra treet med kunnskapen om godt og ondt, det må du ikke ete av; for på den dag du eter av det, skal du visselig dø."* Men fremdeles døde de ikke med en gang de var ulydige mot Gud. De levde I lang tid og fødte mange flere barn. Hva var så "døden" som Gud hadde advart dem om?

Han mente ikke døden av deres kropper, men døden av deres sjeler. Menneskene er født med en sjel som kan kommunisere med Gud, en ånd som er sjelens tjener, og en kropp hvor deres ånd og sjel oppholder seg. Paulus 1. Brev til Tessalonikerne 5:23 sier at menneskene er laget av en ånd, sjel og legeme. Når Adam og Eva ikke adlød Guds kommando, deres sjel, menneskenes herre, døde.

Gud er uskyldig og plettfri, og den Hellige Ånd som lever i et utilgjengelig lys, så syndere kan ikke bli med Ham. Adam kunne kommunisere med Gud når han var en levende Ånd, men kunne ikke lenger kommunisere med Gud etter at hans Ånd døde på grunn av hans synd.

Begynnelsen av Det Smertefulle Livet

Edens have var et veldig overveldende og skjønt sted hvor det ikke var noen problemer eller bekymringer, og Adam og Eva kunne bo der i all evighet og spise fra livets tre. Men de ble drevet ut av Edens have etter at de syndet. Fra den tiden, deres problemer og besvær begynte. Kvinnen fikk mere smerter under graviditeten. Hun lengtet etter hennes mann og hennes mann hersket over henne. Bare etter at mannen kultiverte den forbannede jorden med hard, smertefull anstrengelse, kunne han spise av det for resten av livet (1. Mosebok 3:16-17).

Gud forteller Adam i 1. Mosebok 3:18-19, *"Torner og tistler skal den bære deg, og du skal ete urtene på marken. I ditt ansikts sved skal du ete ditt brød, inntil du vender tilbake til jorden, for av den er du tatt; for støv er du, og til støv skal du vende tilbake."* Gjennom disse versene, antyder Gud at menneskene må føres tilbake til en neve med støv.

Fordi Adam, menneskehetens forfader, begikk synden med ulydighet og hans ånd døde, alle hans etterkommere er født syndere og blir ført til døden.

Paulus Brev til Romerne 5:12 registrerer Adamss langvarige arv: *"Derfor likesom synden kom inn i verden ved et menneske, og døden ved synden, og døden således trengte igjennom til alle mennesker, fordi de syndet alle."*

Alle Mennesker Er Født Med den Opprinnelige Synden

Gud gjorde det mulig for menneskene å være fruktbare og øke i antall gjennom livets frø som Han gir dem når Han skaper dem. Menneskene blir gravide ved foreningen av en sædcelle og en eggcelle som Gud gir hver mann og kvinne som livets frø. Fordi sædceller og eggceller har karakteristikkene til hver av foreldrene, vil barnet som blir befruktet fra denne foreningen av sædcellen og eggcellen ligne på begge hans eller hennes foreldres utseende, natur, smak, vane, favoritter, kropps holdning, osv.

På den måten har Adams syndige vesen blitt overført til alle hans etterkommere etter at menneskenes forfader, Adam, syndet. Det er kalt den "opprinnelige synd." Adams etterkommere er født med den opprinnelige synd. Så alle mennesker er uunngåelig syndere.

Noen ikke-troende beklaget seg, "Hvorfor eller hvordan i all verden er jeg en synder? Jeg har ikke begått noen synder." Eller andre spør, "Hvordan kan Adams synder bli ført ned til meg?"

La oss gi et eksempel om et barn. En ammende mor har et barn som ikke er fylt et år ennå. Hun ammer et annet barn like foran øynene på hennes eget barn. Det er veldig sannsynlig at barnet blir opprørt og prøver å dytte vekk det andre barnet. Hvis moren ikke slutter å amme det andre barnet eller at barnet ikke slutter å suge på hennes bryst, hennes barn vil kanskje dytte eller slå moren eller det andre barnet. Hvis moren fortsetter med å gi det andre barnet melk, hennes eget barn vil kanskje plutselig begynne å gråte.

Fordi om ingen lærte det lille barnet om misunnelse, sjalusi, hat, grådighet, eller slåing, barnet har hatt disse onde tingene i hans tanker siden han ble født. Dette faktumet forklarer at menneskene er født med den opprinnelige synden som er arvet av deres foreldre. Hvor mye synder hver person på egenhånd gjennom sin levetid? Du må forstå at ikke bare syndige handlinger, men også hver slags synd i tankene er også en synd i Guds øyne, han som er selve lyset. Gud oppfatter og ser på ondskap i sinnet som hat, grådighet, fordømmelse, osv.

Derfor forteller bibelen oss at ingen vil bli erklært rettferdige i Guds øyne ved å observere loven og ingen mennesker kan sammenlignes med Gud fordi de har syndet (Paulus Brev til Romerne 3:20, 23).

Ikke Bare Menneskene, Men Alle Tingene Er Også Forbannet

Når Adam som var herre over alle ting, syndet og ble forbannet, jorden og all buskapet, alle beistene på jordene og fuglene i luften var også forbannet sammen med ham. Siden da ble farlige og giftige insekter som fluer og mygg som bærer alle slags sykdommer til.

Jorden begynte å produsere torner og tistel og menneskene kunne bare høste mat gjennom smertefult arbeide og med et svettende ansikt. Mennesker ble tvunget til å se frykten, sorgen, smertene, sykdommene, døden og annet lignende i øynene på grunn av at de alle hadde blitt forbannet på denne jorden.

Derfor sier Paulus Brev til Romerne 8:20-22, *"Skapningen ble jo lagt under forgjengelighet – ikke godvillig, men etter hans vilje som la den derunder – i håp om at også skapningen skal bli frigjort fra forgjengelighetens trældom til Guds barns herlighets frihet. For vi vet at hele skapningen tilsammen sukker og er tilsammen i smerte inntil nå."*

Hvordan var da slangen forbannet? I 1. Mosebok 3:14, sier Gud til den listige slangen som fristet menneskene til å synde, "Fordi du gjorde dette, så skal du være forbannet blandt alt feet og blandt alle de ville dyr. På din buk skal du krype, og støv skal du ete alle ditt livs dager." Slangene med andre ord, spiser ikke støv, men levende dyr som fugler, frosker, mus, eller insekter. Gud sa klart og tydelig, "Og du vil spise støv Alle dagene i ditt liv." Hvordan skulle du tolke dette verset?

"Støvet" her symboliserer "menneskene som er laget av støvet på bakken." (1. Mosebok 2:7), og "slangen" står for djevelen og Satan (Johannes' Åpenbaring 20:2). "Du vil spise støv resten av ditt liv." symboliserer at Satan og djevelen ødeleger menneskene som ikke lever etter Guds ord, men heller spaserer i mørket.

Til og med Guds barn får problemer og besvær som Satan og djevelen bringer, hvis de begår ondskap og synd mot Guds vilje. I dag, går Satan og djevelen rundt som en brølende løve som ser etter noe å fortære (Peters 1. Brev 5:8). Hvis de finner en, vil de gjøre ham eller henne til slave under forbannelsen av synden og trekke personen til ødeleggelse. Hvis mulig, prøver de til og med å friste Guds barn.

Satan og djevelen frister de som sier, "Jeg tror på Gud," men er ikke sikker på Guds ord, og leder dem til døden. Vanligvis, Satan og djevelen prøver å friste deg gjennom de som er nærmest til deg, som din ektefelle, venn, eller slektning – måten de fristet Eva gjennom slangen, en av hennes mest elskede dyr.

For eksempel, din ektefelle eller venn vil kanskje spørre, "Er det ikke nok for deg å bare være til stede på søndagens morgengudstjenesten? Må du alltid være tilstede ved søndagens kveldsgudstjeneste også?" eller "Prøver du alltid å gjøre ditt beste hver dag?" "Gud oppfatter og kjenner til og med ditt indre hjerte på grunn av at Han er allvitende og allmektig. Skal det være nødvendig å rope ut i bønn?"

Gud befalte deg til å huske Sabbat dagen og å holde den hellig (2. Mosebok 20:8), prøve å holde sammen i Herrens navn (Brevet til Hebreerne 10:25), og rope ut i bønn (Jeremias 33:3). Satan kan hverken friste eller lage synder til de som fullstendig holder Guds ord (Matteus 7:24-25).

Akkurat som det sies i Efeserbrevet 6:11, *"Iklæ eder Guds fulle rustning, så dere kan stå eder mot djevelens listige angrep,"* du må utstyre deg selv med Guds sanne ord og oppmuntrende drive ut djevelen og Satan med troen.

Hvorfor Plantet Gud Treet med Vitenskapen om Godt og Ondt i Edens Have?

Gud plaserte treet med kunnskapen om godt og ondt i Eden have ikke for å drive menneskene til ødeleggelse, men for å gi dem virkelig glede. Når vi ikke forstår Hans intensive planer, vil mange mennesker misforstå Guds kjærlighet og rettferdighet og til og med ikke tro på Gud. De lever et stille liv uten å finne den sanne meningen med deres liv.

Hvorfor plantet så Gud treet med kunnskapen om godt og ondt i midten av Edens have og hvorfor brakte det deg store velsignelser?

Adam og Eva Kjente Ikke Til Den Virkelig Lykke

Edens have var nydelig og overveldende utover din fantasi. Gud lagde det slik at alle treene vokste ut av jorden. De var pene å se på og godt for mat. I midten av Edens have var livets tre og treet med kunnskapen om godt og ondt (1. Mosebok 2:9).

Hvorfor da plaserte Gud treet med kunnskapen om godt og ondt i midten av haven sammen med livets tre slik at det ble godt synelig? Gud hadde aldri planlagt å drive menneskene til ødeleggelse ved å friste dem med å spise av treet. Det var Guds forsyn å la oss forstå relativiteten gjennom treet med kunnskapet om godt og ondt og bli Hans sanne og spirituelle barn som forstår Hans hjerte.

Mens folk erfarer tårer, sorg, fattigdom, eller sykdommer, folk tror at Adam og Eva må ha vært veldig lykkelige i Edens have fordi de ikke erfarte smerter som tårer, sorg, fattigdom eller sykdommer i denne verden. Menneskene i Edens have kjenner likevel ikke virkelig lykke eller virkelig kjærlighet fordi de ikke hadde erfart relativiteten.

La oss gi et eksempel. Det er to gutter. Den ene var født og vokste opp i fattigdom, men den andre var født i rikdom og elsket det. Hvis du gir hver av dem en veldig dyr leke i gave, hva slags reaksjon vil hver gutt ha? På den ene side, den ene gutten som vokste opp i rikdom vil ikke bli så takknemlig fordi han sjelden føler verdien av leken. På den annen side, den andre gutten som har vokst opp i fattigdom vil bli veldig takknemlig og se på leken som veldig verdifull.

Virkelig Glede Kommer Gjennom Relativiteten

På samme måte, de som erfarer de relative tingene om frihet eller rikdom kjenner og nyter den virkelige glede eller virkelig frihet. Forskjellig fra Edens have, er det mange relative ting i denne verdenen. Hvis du ønsker å glede deg over tings virkelige verdi, må du erfare dens relative ting. Du kan ikke innse dens fulle virkelige verdi til du erfarer dens motsatte kvalitet.

For eksempel, hvis du ønsker å kjenne den virkelige glede, må du erfare bedrøvelse. Hvis du ønsker å kjenne til verdien av virkelig kjærlighet, må du erfare hat. Du kan ikke helt innse din helses fulle verdi til du opplever smerter på grunn av sykdommer eller dårlig helse. Du vil ikke innse verdien av et evig liv og vil ikke bli takknemlig ovenfor Faderen Gud som forbereder seg på den gode himmelen til du helt sikkert forstår at det er en død og et helvete.

Den første mannen Adam nøt hva han ville ha og spise og hadde makt til å styre alle tingene i Edens have. Han fikk alt uten noe som helst hardt arbeide eller svettende ansikt. Derfor uttrykket han ikke takknemlighet overfor Gud som ga til alle av dem og han kjente heller ikke Hans nåde og kjærlighet i sitt hjerte.

Senere var Adam ulydig mot Guds befaling ved å spise frukten. Han var en levende ånd helt til da, men etter at han syndet, hans ånd døde og han ble nå en mann av kjøtt og blod. Han og hans kone ble drevet ut av Edens have og ble boende på denne jorden. Han begynte å måtte tåle ting som han ikke før hadde måttet tåle i Eden have: tårer, sorg, sykdommer, smerter, ulykker, død, osv. Til sist, erfarte han alt det som var i motsetning til lykken i Edens have.

I en slik prosess, Adam og Eva kunne forstå og føle hva lykke eller elendighet var og hvor verdiful friheten og rikdommen som Gud ga dem i Edens have var.

Ditt liv vil være meningsløst hvis du lever for alltid uten å vite hva lykke eller elendighet er. Fordi om du har elendighet nå, vil ditt liv bli mere verdifult og meningsfullt hvis du kan føle sann lykke senere.

For eksempel, selv om foreldre ikke forventer at deres barn vil like å studere, vil de fremdeles sende deres barn til skolen. Hvis de elsker deres barn, foreldre vil gjerne hjelpe deres barn til å studere hardt eller erfare mange gode ting. Det er med samme kjærlighet som Gud Faderen sendte menneskene til denne verdenen og kultiverte dem som Hans barn gjennom alle slags erfaringer.

Av samme grunn plaserte Gud treet med kunnskapen om godt og ondt i Edens have og forhindret ikke Adam og Eva fra å spise fra det av egen fri vilje. Han planla alle tingene slik at menneskene skulle erfare all slags glede, sinne, sorg, og fornøyelse i verden og bli Hans sanne barn gjennom menneskenes kultivasjon.

Gjennom smertefulle erfaringer, kunne de til slutt forstå den sanne verdi og meningen med de tingene en etter en dypt i deres hjerter.

Fordi de ville ha kjent og følt virkelig lykke gjennom menneskenes kultivasjon, Gud's barn vil ikke svikte Gud igjen som Adam gjorde det i Edens have samme hvor mye tid som passerer. I steden vil de elske Ham i høy grad mer og mer, bli fylt med glede og takknemlighet og gi Ham stor ære.

Virkelig Lykke i Himmelen

Guds barn som har erfart tårer, sorg, smerter, sykdommer, død osv. i denne verdenen vil komme inn i den evige himmelen og glede seg over evig lykke, kjærlighet, glede og takknemlighet for alltid. De vil føle gleden med himmelens perfekte lykke.

I denne kroppslige verdenen, alt gror og dør, men det er ikke noe som rotner, dør, gråter, eller sørger i det evige himmelske kongerike. Gull er sett på som høyest i denne verdenen, men alle veiene til det Nye Jerusalem i himmelen er laget av ren gull. Himmelske huser er laget av nydelige og verdifulle juveler. Hvor vidunderlige og skjønne de er!

Jeg hadde tenkt på gull og juveler som det mest verdifulle til jeg møtte Gud, men fra tiden da jeg lærte om den evige himmelen, begynte jeg å vurdere alt i denne verdenen som tomt og verdiløst. Livet I denne verdenen er bare et øyeblikk i forhold til det evige kongerike. Hvis du vrkelig tror på og håper på det evige liv i himmelen, vil du aldri elske denne verdenen. I stedet vil du bare tenke på hva du skal og kan gjøre for å spare en person til eller hvordan du kunne evangelisere alle mennesker rundt om i verden. Du vil stable opp belønninger for deg selv i himmelen ved å gi dine beste ofringer til Gud med hele ditt hjerte uten å prøve å samle opp skatter for deg selv på jorden. Apostelen Paulus kunne lage sin røffe vei til enden med glede og takknemlighet, fordi han så den tredje himmelen som Gud viste ham i en åpenbaring. Han måtte gå igjennom voldsomme lidelser som en av hedningenes apostel. Gud viste ham himmelens mektige skjønnhet og oppmuntret ham til å følge hans vei i håp om å komme til himmelen. Han ble pisket med kjepp, alvorlig prylet, steinet, ofte fengslet, og utgytet blod mens han holdt preken om Herrens forkynnelse. Til tross for alt dette visste Paulus at alle disse tingene ville bli belønnet godt utover himmelens beskrivelse. Til slutt, alt hans besvær var på grunn av store himmelske velsignelser.

Guds mennesker har ikke noe håp for denne verdenen. De lengter bare etter det himmelske kongerike. Denne verdenen er bare et øyeblikk i Guds øyne, men livet i det himmelske kongeriket er evig. Det er ingen tårer, eller sorg, eller lidelser, eller død i haven. Så de kan alltid bo lykkelig i håp om store gevinster som Gud vil belønne dem med i himmelen i forhold til hva de har oversådd eller gjort.

Derfor ber jeg i Herre Jesus Kristus navn at du vil forstå Skaperens store kjærlighet og forsyn og forberede deg selv til å komme inn i himmelen slik at du kan nyte et evig liv og sann glede i en sjokkerende nydelig og praktfull himmel.

4. Kapittel

DEN GJEMTE HEMMELIGHETEN OM FØR TIDENS BEGYNNELSE

- Adam's Autoritet Ble Overrakt til Djevelen
- Loven om Befrielse av Jorden
- Den Gjemte Hemmeligheten om Før Tidens Begynnelsen
- Jesus er Kvalifisert Ifølge Loven

Dog, visdom taler vi blant de fullkomne, men en visdom som ikke tilhører denne verden eller denne verdens herrer, de som forgår; men som en hemmeilghet taler vi Guds visdom, den skjulte, som Gud for evighet av har forut bestemt til vår herlighet, den som ingen av denne verdens herrer kjente; for hadde de kjent den, da hadde de ikke korsfestet herlighetens Herre.

Paulus 1. Brev til Korintierne 2:6-8

Adam og Eva var fristet av slangen i Edens have, adlød ikke Guds befaling, og spiste fra treet med kunnskap til godt og ondt på grunn av de sterke ønsker om å bli lik Gud i deres sinn. Som resultat, de og alle deres etterkommere ble syndere.

Fra et menneskets perspektiv, er det antydning om at Adam og Eva ble ulykkelige på grunn av at de ble drevet ut av Edens have og måtte nå gå dødens vei. Spirituelt sagt er det imidlertidige en utrolig Guds velsignelse siden de vil få sjansen til å bli frelst, evig liv og himmelsk velsignelse gjennom Jesus Kristus.

Gjennom den menneskelige sivilisasjonen, hemmeligheten som har blitt gjemt for din ære før begynnelse av tiden var avslørt og veien til frelse var vid åpen til alle nasjonene. La oss forske dypere inn til hemmeligheten som var gjemt før tidens begynnelse og hvordan veien til frelse ble åpnet.

Adam's Autoritet Ble Overrakt til Djevelen

I Lukas 4:5-6, finner vi djevelen friste Jesus som var akkurat ferdig med en 40-dagers faste.

Og han led ham opp og viste ham i løpet av et øyeblikk alle kongerikene i verden. Og djevelen sa til ham, "Jeg vil gi deg alt dette landområde og dens velsignelse; for det ble gitt til meg, og jeg gir det til hvem jeg vil."

Djevelen sa at han ville gi Jesus all autoriteten fordi han hadde fått det ifra noen andre. Hvorfor tillot Gud, som styret alle tingene, at all autoriteten skulle bli overlevert til djevelen?

Det sies i 1. Mosebok 1:28, *"Gud velsignet dem og sa til dem: 'Vær fruktbare og bli mange og oppfyll jorden og legg den under eder, og råd over fiskene i havet og over fuglene på himmelen og over hvert dyr som rører seg på jorden.'"*

Adam fikk autoritet og makt for å styre og ta hånd om alle ting fra Gud. Han var herre over alle ting, men etter en lang tid, han og hans kone ble lurt til å spise fra treet med kunnskapet om godt og ondt av den slue slangen. Han begikk synd ved å være ulydig mot Gud.

Det sies i Paulus' Brev til Romerne 6:16, *"Vet dere ikke at når dere byr dere frem for noen som tjener til lydighet, da er dere også tjenere under den som dere så lyder, enten det er under synden til død eller under lydigheten til rettferdighet?"*

Du er en slave til synd eller rettferdighet. Hvis du begår synd, er du en slave til synd og vil bli ledet til døden. Hvis du lyder til ordet om rettferdighet, er du immidlertidig en slave til rettferdighet og vil komme inn i himmelen.

Adam begikk en synd ved å være ulydig mot Gud og ble en slave til synden. Han kunne ikke lenger beholde all autoriteten og makten som Gud hadde gitt ham. Han måtte overlevere autoriteten og makten til djevelen akkurat som alle eiendelene til en slave tilhører hans herre. Kort sagt, Adam overleverte hans autoritet og makt som Gud hadde gitt ham til djevelen fordi han syndet og ble en slave til synden. Adams ulydighet førte til synd i alle mennesker. Det forårsaket at han og alle hans etterkommere tjente djevelen som slaver og til å bli dømt til døden.

Loven om Befrielse av Jorden

Hva må folk gjøre for å sette seg fri fra djevelen og Satan og bli frelset fra syndene og døden? Noen sier, "Gud tilgir alle betingelsesløst fordi Gud er kjærlighet. Han er full av medlidenhet og barmhjertighet." Men Paulus 1. Brev til Korintierne sier immidlertidig, *"Men la alt skje sømmelig og med orden."* Gud gjør alt med orden avhengig av hva loven til det spirituelle kongerike er. Gud gjør ingenting mot den spirituelle loven fordi Han er Guds rettferdighet og ærlighet.

I det spirituelle kongerike, er det en lov for å straffe syndere som sier, "Å synde fører til døden." Det er også en lov om å befri syndere. Den spirituelle loven skal bli anvendt til å gjenvinne autoriteten som Adam hadde overlevert til djevelen.

Så hva er loven om befrielse for alle synder? Loven om befrielse av jorden som er skrevet i det Gamle Testamentet. Før begynnelse av tiden, Faderen hadde laget i all hemmelighet veien til menneskelig frelse i forhold til denne loven.

Hva er loven om befrielse av jorden?

Dette er Guds kommando til Isralittene i 3. Mosebok 25:23-25:

> Jorden må ikke selges for alle tider; for Mig hører landet til, dere er fremmede og gjester hos Meg. I hele landet dere får til eie skal dere tillate innløsning av jorden. Når din bror blir fattig og må selge noe av sin jordeiendom, skal hans løser, hans nærmeste venn, komme og innløse det som hans bror har solgt.

Alle landområder tilhører Gud og må ikke selges permanent. Hvis noen solgte Hans land pågrunn av fattigdom, tillot Gud ham eller hans nærmeste slektning å kjøpe landet tilbake. Dette er loven om befrielse av jorden.

Israels befolkning tegner opp kontrakter på områder etter hva loven om soning av jorden sier om ikke å selge jorden permanent, når de selger og kjøper jordområdene.

Selgeren og kjøperen skriver ned detaljert innehold om jordområde kontrakten slik at selgeren eller hans nærmeste slektninger kan gjenkjøpe det senere. De lager en kopi av den og stempler begge deres segl på to kontrakter foran to eller tre vitner. En kontrakt er forseglet og er beholdt i et varehus til det hellige tempel. Den andre kontrakten er holdt i et forrom, åpnet og ikke forseglet. Loven til soning av jordområde tillater selgeren eller hans nærmeste slektninger til å kunne gjenkjøpe det senere.

Loven om Gjenkjøping av Jorden og Menneskenes Befrielse

Hvorfor forberedet Gud veien til menneskenes frelse i forhold til loven om gjenkjøping av jorden? Første Mosebok 3:19 og 23 forteller oss klart og tydelig at loven om befrielse av jorden har en direkte forbindelse med menneskenes frelse:

I ditt ansikts svett skal du ete ditt brød, inntil du vender tilbake til jorden, for av den er du tatt; for støv er du, og til støv skal du vende tilbake (1. Mosebok 3:19).

Så viste Gud Herren ham ut av Edens have og satte ham til å dyrke jorden, som han var tatt av (1. Mosebok 3:23).

Gud sa til Adam etter hans ulydighet, "For du er støv, Og du skal bli til støv igjen når du dør." Her symboliseres "støv" som menn som har blitt skapt av støv. Derfor blir menneskene til støv når de dør.

Loven om tilbakekjøping av jord sier at alle jordområder tilhører Gud og kan ikke bli solgt permanent (3. Mosebok 25:23-25). Disse versene menes at alle mennesker som er laget av jordens støv tilhører Gud og kan ikke bli solgt permanent. Det menes også at ingen autoriteter og makt som Adam hadde fått fra Gud i Edens have kunne bli solgt permanent på grunn av at de tilhørte Gud.

Adams autoritet var overrakt til djevelen og Satan, men den som er behørig til å gjenvinne Adams tapte autoritet kan få det fra djevelen. Likesom Guds rettferdighet bestemte om en perfekt frelse i forhold til loven om gjenkjøp av jordområder. Den frelser er Frelseren av alle mennesker.

Den Gjemte Hemmeligheten om Før Tidens Begynnelsen

Før tiden begynte, kjærlighetens Gud visste at Adam ville være ulydig mot Ham og alle hans etterkommere ville derfor møte døden. Han gjorde klar menneskenes frelse i all hemmelighet og gjemte den til hans valgte tid ankom.

Hvis djevelen hadde visst om Guds måte, ville den ha hindret Gud fra å oppløse menneskenes synd og død slik at den ikke ville miste dens autoritet. 1. Korinterbrevene 2:7 observerer at *"Men som en hemmelighet taler vi Guds visdom, den skjulte, som Gud fra evighet av har forut bestemt til vår herlighet."*

Jesus Kristus, Guds Visdom

Paulus Brev til Romerne 5:18-19 sier, *"Likesom ens fall ble til fordømmelse for alle mennesker, således ble også ens rettferdige gjerninger til livsens rettferdiggjørelse for alle mennesker. For som gjennom den ene mannens ulydighet ble mange laget til syndere, allikevel kan mange bli rettferdiggjort igjen ved å være lydig til Herren."*

Alle menneskene vil bli rettferdigjort og bli frelset ved å være lydig til en mann akkurat som alle menn ble syndere og ble satt i døden på grunn av at de var ulydige mot en mann. Likeledes sendte Gud Jesus Kristus, som han hadde forberedt som veien til frelse i all hemmelighet og lot Jesus bli korsfestet og reiste opp ifra de døde igjen. Fra da av, alle de som tror på Ham er frelset. I Paulus 1. brev til korintierne 1:18, forteller Gud oss at *"For ordet om korset er vel en dårskap for dem som går fortapt, men for oss som blir frelst, er det en Guds kraft."* Det høres dumt ut for noen mennesker at den Allmektige Guds Sønn var fornærmet og drept av Hans mennesker. Denne "dumme" planen til Gud er immidlertid mye klokere enn de klokeste menneskelige planene og Guds "svakhet" er mye sterkere enn den sterkeste menneskelige styrke (Paulus 1. Brev til Koritierne 1:19-24). Bibelen sier at ingen kan noensinne bli skapt riktig i Guds øyne ved å observere loven. Men Gud åpnet fremdeles veien til frelse for alle de som tror på Jesus Kristus på denne lette måten.

Døden kommer ved føring av synd. Av den grunn kunne ingen bli frelset hvis Jesus Kristus ikke hadde dødd for våre synder. Jesus var krusifisert for våre synder og stod opp igjen med Guds makt. På samme vis forberedte Gud veien som kan virke svak eller dum og gjemte den i lang tid.

Gud hadde gjemt Jesus Kristus og Hans korsfestelse i all hemmelighet på grunn av djevelen og Satan, hvis de hadde visst om dem, ville de ha hindret veien til meneskenes frelse. Djevelen ville aldri ha drept Jesus på korset hvis han hadde visst at Gud hadde forberedt veien til frelse gjennom korset for å befri alle menneskene fra syndene, for å frelse dem fra døden, og for å gjenvinne Adams autoritet fra djevelen.

Husker du igjen Paulus 1. Brev til Korintierne 2:7-8: *"Men som en hemmelighet taler vi visdom, den skjulte, som Gud fra evighet av har forut bestemt til vår herlighet, den som ingen av denne verdens herrer kjente; for hadde de kjent den, da hadde de ikke korsfestet herlighetens herre."*

Jesus er Kvalifisert Ifølge Loven

Som enhver kontrakt har regler, det spirituelle kongerike har også regler, som dikterer at frelseren må være kvalifisert til å gjeninnføre Adams tapte autoritet fra djevelen i forhold til hva loven sier om befrielse av jordområder.

For eksempel, la oss si at en mann står overfor et konkurs i hans firma. Han har mye gjeld, men har ingen mulighet til å betale det tilbake. Hvis han har en rik bror som elsker ham, vil hans bror betale all hans gjeld med en gang.

Alle mennsker som er syndere siden Adams undergang trenger en frelser som er kvalifisert til å rense dem fra synder. Hva så er kvalifikasjonene til frelseren? Hvorfor sier Bibelen at bare Gud er kvalifisert?

Først, Frelseren må være en mann

I 3. Mosebok 25:25, står det, *"Når din bror blir fattig og må selge noe av sin jordeiendom, da skal hans løser, hans nærmeste frende, komme og innløse det som hans bror har solgt."* Loven til å tilbakekjøpe et jordområde sier at hvis en mann blir så fattig og selger hans jordområde, hans nærmeste familie kan gjenkjøpe hva han selger. Paulus' 1. Brev til Korintierne 15:21-22 sier, *"For ettersom døden er kommet til et menneske, så er og de dødes oppstandelse kommet ved et menneske. For likesom alle dør i Adam; så skal og alle levendegjøres i Kristus."* Den første kvalifikasjonen til Frelseren som kan gjeninnføre Adam's autoritet er at han må være en mann. Dette faktum er beskrevet en gang til i detaljer i Johannes' Åpenbaring 5:1-5:

> *Og jeg så i Hans høyre hånd som satt på tronen, en bokrull, skrevet innvendig og utvendig, og forseglet med syv segl. Og jeg så en veldig engel, som ropte med høy røst: "Hvem er verdig til å åpne boken og bryte seglene på den?" Og det var ingen i himmelen eller på jorden eller under jorden som kunne åpne boken eller se i den. Da gråt jeg sårt fordi ingen ble funnet verdig til å åpne boken eller se i den. Og en av de eldste sier til meg: "Gråt ikke! Se løven av Juda stamme, Davids rotskudd, har seiret og kan åpne boken og de syv segl på den."*

"En bok som det er skrevet både inne i og utenpå, forseglet med syv segl" indikerer en kontrakt som hadde blitt laget mellom Gud og djevelen når Adam var ulydig mot Gud og ble en synder. Apostelen Johannes kunne ikke finne noen som var verdig nok til å bryte seglene og åpne listen i himmelen eller på jorden, eller under jorden.

Det var på grunn av at englene i himmelen ikke er menn, alle menn på jorden er syndere som Adams etterkommere, og under jorden, er det bare onde ånder som tilhører djevelen og de døde sjelene som faller inn i helvete. Da sa en av de eldste i kirken til John, "Gråt ikke! se løven av Judas stamme, Davids rotskudd, har seiret og kan åpne boken og de syv segl på den." Her refererer "Davids rotskudd" til Jesus, som var født som en etterkommer av Kong David fra Judas stamme (Apostelens Gjerninger 13:22-23). Derfor er Jesus kvalifisert for de første betingelsene av loven om befrielse av jordområdet.

Noen sier kanskje at "Gud er Fullkommen. Jesus er helt sikkert Gud fordi Han er Guds Sønn. Han er aldri en mann." Husk immidlertidig på at Johannes' Evangelium 1:1 sier *"Ordet var Gud,"* og Johannes' Evangelium 1:14, som sier *"Og ordet ble kjøtt og tok bolig iblandt oss."* Gud som var Ordet, ble kjøttet og levde her på jorden hos oss.

Det var Jesus som opprinnelig var Gud og som ble kjøtt som en mann. Han var Ordet i Hans eksistens og Guds Sønn. Han hadde menneskelighet og guddommelighet. Men han var imidlertidig født og oppvokst i en menneskelig likhet legemlig. Menneskenes historie er delt inn i to deler med Jesus' fødsel som en skillelinje: F.Kr., *Før Kristus,* og E.Kr., *etter Kristus.* Dette alene validerer at Jesus ble til kjøtt og kom ned til denne jorden. Jesus fødsel, oppdragelse, og korsfestelsen er også en del av dette tydelige faktum.

Jesus, er derfor en mann og er kvalifisert til å bli en Frelser.

Nummer to, Han må ikke være en av Adams etterkommer

En debitor kan ikke betale ferdig andre menneskers gjeld. Han som ikke har noe gjeld og kan hjelpe andre kan betale det. På samme måte, frelseren til alle mennesker må være uskyldig og plettfrie for å kunne frelse alle mennesker fra synder og døden. Alle mennesker er Adams etterkommere og syndere fordi alle menneskers' første forfar, Adam, syndet. Ingen av hans etterkommere er kvalifiserte til å bli frelsere til hele folket på grunn av at de selv er syndere. Til og med en av de største menn i historien kan ikke være ansvarlig for andres synder.

Har Jesus denne kvalifikasjonen?

Matteus 1:18-21 beskriver Jesus' fødsel. Han ble befruktet av den Hellige Ånd, ikke gjennom foreningen mellom mann og kvinne. Versene sa:

Men med Jesu Kristi fødsel gikk det således til: da hans mor Maria var trolovet med Josef, viste det seg, før de var kommet sammen, at hun var fruktsommelig med den Hellige Ånd. Men Josef, hennes mann, som var rettferdig og ikke ville føre skam over henne, ville skille seg fra henne i stillhet. Mens han nu grundet på dette, se, da åpenbarte Herrens engel seg for ham i en drøm og sa: "Josef, Davids sønn! Frykt ikke for å ta din hustru Maria til deg! For det som er avlet i henne, er av den Hellige Ånd. Hun skal føde en sønn, og du skal kalle Ham Jesus; for Han skal frelse sitt folk fra deres synder."

Jesus var Davids etterkommer ifølge Hans slektshistorie (Matteus 1; Lukas 3:23-37). Men Han var imidlertidig befruktet av den Hellige Ånd før Maria ble forenet med Josef. Derfor var han ikke et syndig vesen.

Alle er født med den opprinnelige synden fordi han arvet det syndige vesen ifra hans foreldre. Med andre ord, etter at Adam hadde syndet, ga han sitt syndelige vesen til hans etterkommere. Det syndige vesen var arvet av alle menn helt opp til idag, og den synden er kalt den "opprinnelige synden." På grunn av dette er Adams alle etterkommere syndere og kan ikke befri noen andre mennesker.

Derfor planla Gud Faderen at Hans Sønn Jesus skulle bli befruktet av den Hellige Ånd i maven til Jomfru Maria. På denne måten ble Jesus en person og kom ned til denne verdenen, men var ikke en etterkommer av Adam.

Nummer Tre, Han må ha makt til å beseire djevelen

Igjen forteller 3. Mosebok 25:26-27 oss at:

> *Og om en ikke har noen løser, men selv får råd til det og kommer til å eie det som skal til for å innløse det, da skal han regne etter hvor mange år er godt siden han solgte, og bare betale det overskytende til den mann han solgte den til; å skal han komme til sin jordeiendom*

igjen.

Kort sagt, en frelser skal ha makten til å kjøpe tilbake den jordeiendommen han tidligere solgte. En fattig mann kan ikke betale hans venn tilbake selv om han så gjerne vil. På samme måte, frelseren kan ikke ha noen synder for å kunne spare alle mennesker fra deres synder. Å ikke ha noen synder er ens styrke i det spirituelle kongerike.

Frelseren må ha makten til å overvinne djevelen og Satan og til å gjenopprette Adams tapte autoritet. Det vil si at Frelseren kan ikke ha hverken den opprinnelig synden eller hans egen synd. Bare en syndfri frelser kan overvinne djevelen og befri alle menn ifra djevelen.

Var Jesus syndfri?

Jesus hadde ikke noen opprinnelig synd fordi Han var befruktet av den Hellige Ånd. Han adlød Guds lov fullstendig fordi Han vokste opp under foreldrenes kontrol som hadde stor respekt for Gud. Han fullførte loven med kjærlighet. Han ble omskjært når Han var åtte dager gammel (Lukas 2:21). Han begikk aldri Hans egne synder og bare adlød Gud Faderen til Han ble korsfestet når Han var 33 år gammel (Peters Første Brev 2:22-24; Brevet til Hebreerne 7:26).

Jesus kunne overvinne djevelen og kunne frelse alle mennesker på grunn av at Han ikke hadde noen synder. Hans "syndfrihet" var vitne gjennom Hans mange mektige arbeid. Han trakk ut de onde åndene, lot de blinde se, de døve høre, de lamme gå, og helbredet alle slags uhelbredelige sykdommer. En sterk storm stilnet og en voldsom vind stoppet når Han irettesatte vinden og sa til vannet, "Hysh, vær stille!" (Markus 4:39)

Til sist, Han må ha en ofrende kjærlighet

Til og med en rik mann ville ikke kjøpe fri eiendommen hvis han ikke elsket det mennesket som solgte det. På samme måte, Frelseren må ha kjærlighet for syndere til den grad at Han offrer seg selv for at de en gang for alle kan løse alle syndhets problemene.

I Ruth 4:1-6, Boas kjente godt til Naomis fattigdom og fortalte hennes nærmeste slektninger – en Frelser, om han ville kjøpe hennes eiendom tilbake hvis han ville. Likevel nektet mannen, og sa til Boas, *"Jeg kan ikke innløse den for meg selv, for da ville jeg ødelegge mitt eget arvelodd. Innløs du for deg det jeg skulle løse, for jeg kan ikke innløse det."* (vers 6). Han kjøpte ikke eiendommen fra Naomi og Rut selv om han hadde nok penger til det. Det var på grunn av at han ikke hadde noen ofrende kjærlighet. Etterpå, kjøpte Boas, som var den nærmeste slektning, tilbake eiendommen på grunn av at han hadde mye kjærlighet og ofring.

Boas ble en lovlig frelser og giftet seg med Rut, på grunn av at han hadde nok kjærlighet til å kjøpe fri Naomis eiendom. Sønnen som Rut og Boas fødte var Kong Davids oldefar og var registrert i Jesus' familie linje.

Jesus var korsfestet med kjærlighet. Jesus var Guds Ord, men ble til kjøtt og kom ned til jorden. Han var ikke en slektning av Adam, fordi Han ble skapt gjennom den Hellige Ånd. Så Han var født uten noen opprinnelige synder. Han hadde makten til å frelse alle mennesker ifra syndene fordi Han var syndfri.

Likevel kunne han ikke ha blitt Frelseren uten åndelig og ofrende kjærlighet selv om Han hadde hatt de tre andre kvalifikasjonene. Han måtte straffes med synden som synderne hadde dømt, slik at Han kunne frelse alle mennesker ifra syndene.

Han måtte bli behandlet som den mest seriøse og farligste kriminelle og bli hengt på det grove tre korset. Han måtte bli fornærmet og gjort narr av, og kvitte seg med alt blodet og vannet i kroppen for å frelse alle menneskene. Han måtte betale dyrt og ofre alt.

Du kan ikke finne det noen steder i menneskenes historie hvor en uskyldig prins døde for hans onde og dumme folk. Jesus er den eneste Sønnen til Gud den Allmektige, kongenes Konge, herrenes Herre, og alle skapelsenes Herre. Slik en mektig, storsinnet, og uskyldig Jesus var hengt på korset og døde ved å forblø. Hvor stor var Hans kjærlighet for oss?

Faktum er at Jesus bare gjorde gode handlinger gjennom Hans liv. Han ga syndere tilgivelse, helbredet alle slags syke mennesker, frigjorde mange mennesker ifra djevelene, ga de gode nyhetene om fred, glede, og kjærlighet, og ga menneskene et ekte håp om himmelen og frelse. Fremfor alt ga Han sitt eget liv for syndere.

Apostelen Paulus' Brev til Romerne 5:7-8 sier, *"For neppe vil noen gå i døden for en rettferdig; for en som er god, kunne kanskje noen sa seg på å dø. Men Gud viser sin kjærlighet mot oss derved at Kristus døde for oss mens vi ennå var syndere."* Gud Faderen sendte sin eneste Sønn Jesus til oss som er hverken rettferdige eller gode, og tillot Ham å bli hengt på korset for å dø. Han demonstrerte Hans store kjærlighet på denne måten.

Derfor, ber jeg i Herrens navn at du må forstå at du ikke kan bli frelset i noen andres navn utenom Jesus Kristus, oppnå å bli Guds barn ved å akseptere Jesus Kristus, og alltid nyte seirende liv med sikkerhet om frelse!

5. Kapittel

HVORFOR ER JESUS VÅR ENESTE FRELSER?

- Frelsens forsyn gjennom Jesus Kristus
- Hvorfor ble Jesus Hengt På Trekorset?
- Ikke Noe Annet Navn i Verden enn
  "Jesus Kristus"

Han er den sten som ble forkastet av dere, dere bygningsmenn, menn som er blitt hjørnesten. Og det er ikke frelse i noen annen; for det er heller ikke noe annet navn under himmelen, gitt blandt mennesker, ved hvilket vi skal bli frelst.

Apostelens Gjerninger 4:11-12

Du vil elske Gud med hele ditt hjerte når du forstår Hans dype og oppmerksomme forsyn til menneskenes oppbringing. Ytterligere må du beundre Hans kjærlighet og visdom når du innser forsynet av frelse gjennom Jesus Kristus.

Så, hvordan var frelsens forsyn som hadde blitt skjult før begynnelse av tiden blitt oppnådd gjennom Jesus Kristus? Jeg fortalte deg tidligere at rettferdighetens Gud hadde forberedt den som var kvalifisert til å frelse alle mennesker i overenstemmelse med den spirituelle loven og at det ikke er noen andre enn Jesus under himmelen som har denne egenskapen.

Jesus er den eneste som var en mann og som ikke var i slekt med Adam fordi Han var skapt av den Hellige Ånd og kom til jorden som et menneske. I tillegg hadde Han makt og kjærlighet til å frelse alle mennesker, så Han kunne åpne veien til frelse for alle menneskene ved å bli korsfestet.

Derfor er det sagt i Apostlenes Gjerninger 4:12, *"Og det er ikke frelse i noen annen; for det er heller ikke noe annet navn under himmelen, gitt blandt mennesker, ved hvilket vi skal bli frelst."* Alle de som aksepterer og tror på Jesus Kristus er tilgitt alle synder og frelset. Han vil komme ut i lyset ifra mørket og motta autoriteten og velsignelsene fra Guds barn.

Nå vil jeg forklare hvorfor du må tro på Jesus som var korsfestet for at du skal bli frelset og motta autoritet og velsignelse som et av Guds barn.

Frelsens forsyn gjennom Jesus Kristus

Gud skapte veien til frelse før begynnelse av tiden. Første Mosebok profeterer om Jesus og hemmeligheten om menneskenes frelse gjennom korset.

Første Mosebok 3:14-15 sier:

> *Da sa Gud Herren til slangen: "Fordi du gjorde dette, så skal du være forbannet blant alt feet og blant alle de ville dyr. På din buk skal du krype, og støv skal du ete alle ditt livs dager. Og jeg vil sette fiendskap mellom deg og kvinnen og mellom din ætt og hennes ætt; den skal knuse ditt hode, men du skal knuse dens hæl."*

Som det var diskutert tidligere, spiruelt refererer "slangen" til djevelen og "spise støv" symboliserer djevelen som styrer menneskene som var laget av støvet på bakken. Også, "kvinnen" indikerer "Israel" og "kvinnens familie" refererer til Jesus. Frasen "Du [slangen] skal knuse dens hæl" symboliserer at Jesus vil bli korsfestet, og "han [kvinnen's familie] vil knuse ditt hode [slangen]" menes at Jesus vil knuse djevelen og Satans kamp ved å stå opp fra de døde.

Satan Innså Ikke Guds Plan

Gud hadde skjult dette forsyn med frelse i all hemmelighet, slik at djevelen og Satan ikke kunne vite og få tak i Hans visdom. Djevelen og Satan prøvde å drepe kvinnens barn før de selv ble undertrykket. Han trodde at han alltid ville ha autoriteten som Adam tidligere hadde gitt ham ved å ikke adlyde Gud. Djevelen og Satan visste immidlertidig ikke hvem denne kvinnens barn var. Derfor prøvde han å drepe profetene som var elsket av Gud fra det Gamle Testamentets tid.

Når Moses ble født, djevelen og Satan hadde Farao, kongen av Egypt, drepe alle gutter født til en Hebraisk kvinne (2. Mosebok 1:15-22). Når Jesus var skapt av den Hellige Ånd og kom til jorden som et menneske, satte djevelen og Satan Kong Herod til å gjøre det samme.

Men Gud hadde immidlertidig allerede visst om Satans plan. Herrens engel kom til syne i Josefs drøm og fortalte ham til å gå til Egypt med barnet og moren. Gud tillot dem å bo der til Kong Herod døde.

Gud Tillatte Jesus' Korsfestelse

Jesus vokste opp under Guds beskyttelse og begynte Hans ministertid fra Han var 30 år gammel. Han dro gjennom Galilea, holdt preken i synagogene, helbredet alle slags sykdommer og alle slags plager mellom folkene, reise til live de døde, og forkynne evangeliet til de fattige (Matteus 4:23, 11:5).

I mellomtiden pønsket djevelen og Satan om å få sjefs

prestene, lovens lærere, og fariseerne til å drepe Jesus. Men som du kjenner til ifra Bibelen, en ond mann kan ikke engang nærme seg Jesus på grunn av at alle hendelsene mens Han levde fant sted i Guds forsyn.

Gud bare tillot djevelen og Satan til å korsfeste Jesus etter tre år med Hans forkynnelse. Som et resultat bar Jesus en krone av torner og døde på korset av store smerter ved at de spikret i Hans hender og føtter.

Korsfestelse er den ondeste måten å dø på. Djevelen var veldig fornøyd da han drepte Jesus på denne måten. Satan sang av glede og seier fordi han nå trodde at han kunne styre over verden, og at det nå ikke ville bli noen som kunne komme i veien for hans styre. Men likevel hadde Gud et hemmelig skjult forsyn.

Djevelen Ødelagte den Spirituelle Loven

Gud bruker ikke Hans fullstendige makt mot loven, på grunn av at Han er rettferdig. Han skapte veien for frelse ved den spirituelle loven før tidens begynnelse, for Han gjør alt i henhold til den spirituelle loven.

Siden syndens lønn er døden i følge den spirituelle loven (Paulus' Brev til Romerne 6:23), ingen dør hvis de ikke synder. Djevelen og Satan korsfestet imidlertid Jesus som var uskyldig og plettfri (Peters Første Brev 2:22-23). Ved å gjøre dette, ødelagte djevelen den spirituelle loven og var bedratt av hans eget lureri. Han ble et instrument i menneskenes frelse som var planlagt av Gud. Kvinnens barn knuste sitt hode som det ble fortalt i Apostlenes gjerninger.

Generelt kan en slange fremdeles gjøre motstand selv om du tråkker på halen deres, eller kutter kroppen av, men den kan ikke gjøre motstand hvis du holder godt fast på hodet dens. Derfor menes frasen, *"Og jeg vil sette fiendskap mellom deg og kvinnen og mellom din ætt og hennes ætt; den skal knuse ditt hode, men du skal knuse dens hæl."* spirituelt menes det at Satan vil miste hans makt og autoritet på grunn av Jesus Kristus. At slangen angriper kvinnens barn menes spirituelt at Satan vil korsfeste Jesus, og dette ble fullført som det var fortalt i Apostlenes Gjerninger 3:15.

Frelse gjennom Jesus' Korsfestelse

Frelsens vei som hadde blitt skjult av Gud før begynnelse av tiden var fullført når Jesus oppsto fra de døde den tredje dagen etter Hans korsfestelse.

Omkring 6,000 år siden, måtte Adam gi sin autoritet som han hadde fått ifra Gud til dejvelen fordi han brøt loven til den spirituelle verden på grunn av hans ulydighet (Lukas 4:6). Men etter 4,000 år måtte Satan gå mot ødeleggelse ved å bryte den spirituelle loven.

Derfor måtte djevelen frisette de som aksepterte Jesus som deres Frelser og trodde på Hans navn, og de fikk så rettigheten til å bli Guds barn. Ville djevelen ha korsfestet Jesus hvis han hadde hatt kjennskap til Guds visdom? Nei, det ville han ikke! I Paulus 1. Brev til Korintierne 2:8, blir vi husket på om at *"Den som ingen av dennes verden herrer kjente; for hadde de kjent den, da hadde de ikke korsfestet herlighetens Herre."*

De som ikke forstår dette faktum nå for tiden undrer også på, "Hvorfor kunne ikke Gud den Allmektige ikke beskytte sin Sønn fra døden? Hvorfor lot Han Sønnen dø på korset?" Hvis du likevel forsto forsynet med korset, vil du vite hvorfor Jesus måtte bli korsfestet og hvordan Han kunne bli kongenes Konge og herrenes Herre etter Hans triumferende seier over djevelen. De som derfor tror på Jesus som Frelseren som døde på korset og sto opp fra de døde tre dager senere for å fri menneskene fra alle synder kan bli erklært rettferdige og bli frelset.

Hvorfor ble Jesus Hengt På Trekorset?

Hvorfor skulle så Jesus bli hengt på et trekors? Hvorfor skulle det absolutt være et kors av tre? Blandt mange varierende henrettelses metoder, døde Jesus på trekorset. Ifølge Paulus' brev til Galaterne 3:13-14, er det tre spirituelle grunner for at Jesus ble hengt på et trekors.

Først, for å Frelse Oss Fra Lovens Forbannelse

Paulus' brev til Galaterne 3:13 sier, *"Kristus kjøpte oss fri ifra lovens forbannelse, idet han ble en forbannelse for oss - for det er skrevet: 'Forbannet er hver den som henger på et tre.'"* Det forklarer at Jesus reddet oss ifra lovens forbannelse ved å bli hengt på et tre kors.

Alle mennesker ble forbannet og må derfor gå veien mot døden på grunn av at den første mannen Adams ulydighet som det ble skrevet om i Paulus Brev til Romerne 6:23, *"den lønn som synden gir, er døden."* Allikevel ga Gud sin Sønn Jesus Kristus til menneskeligheten og tillot Han å ble hengt på et tre kors for å redde dem fra lovens forbannelse (5. Mosebok 21:23). Jesus mistet også Hans dyrebare blod på korset. Legg merke til versene 11 og 14 fra Tredje Mosebok 17:

For kjøttets sjel er i blodet, og jeg har gitt dere det på alteret til å gjøre forsoning for deres sjeler; for blodet er det som gjør soning, fordi sjelen er i det (vers 11).

For blodet er sjelen i alt kjøtt, fordi sjelen er i det... (vers 14).

Tredje Moseboken skriver at blodet er livet, fordi hver skapning trenger blod for å leve og vil dø uten det.

Men når noen dør, blir hans hud til støv igjen, og hans sjel vil gå enten til himmelen eller til helvete. For å motta evig liv, må du bli tilgitt alle dine synder. For å bli tilgitt alle dine synder, må du utgyte blod som de prater om i Hebreerne 9:22, *"Og nesten alt blir etter loven renset med blod, og uten blod blir utgydt, skjer ikke forlatelse."* På grunn av dette måtte mennesker under det Gamle Testamentet ofre blodet til dyrene når de syndet. Og ytterligere utgytet Jesus sitt blod en gang for alle for å la menneskene bli tilgitt og for å få evig liv fordi Han selv hadde hverken den opprinnelige synden eller selvbegått synd.

På samme vis kan du få evig liv på grunn av Jesus' dyrebare blod. Det vil si, Jesus døde foe deg og åpnet veien for deg til å bli

Guds barn.

Andre, for å Gi Abrahams Frelse

Den første delen av Paulus brev til Galaterne 3:14 sier at *"For at Abrahams velsignelse kunne komme over hedningene i Kristus Jesus."* Dette menes at Gud gir velsignelse som er gitt til Abraham ikke bare til Isralittene, men også til hedningene som er rettferdige ved å akseptere Jesus som deres Frelser.

Abraham var kalt "troen's far" og "Gud's venn," og han levde i barnas velsignelse, helse, langt liv, rikdom o.s.v. Grunnen til at Abraham var rikelig velsignet er skrevet i 1. Mosebok 22:15-18:

Og Herrens engel ropte ennå en gang til Abraham fra himmelen og sa: "Ved meg selv sverger jeg, sier Herren: Fordi du gjorde dette og ikke sparte din eneste Sønn, så vil jeg storlig velsigne deg og gjøre din ætt såre tallrik, som stjernene på himmelen og som sanden på havets bredd, og din ætt skal ta sine fienders porter i eie. Og i din ætt skal alle jordens folk velsignes, fordi du lød Mitt ord."

Abraham adlød når Gud befalte ham om å *"Dra bort fra ditt land og fra din slekt og fra ditt fars hus og til det land som jeg vil vise deg."* (1. Mosebok 12:1). Han adlød også uten noen som helst unnskyldning eller klager når Gud sa, *"Ta din sønn, din eneste sønn, han som du har så kjær, Isak, og gå til Moria land og ofre ham der til brennoffer på et av fjellene, som jeg skal si deg."* (1. Mosebok 22:2). Dette var mulig for Abraham på grunn av at han visste at Gud kunne gjenopplive de døde (Hebreerne 11:19). Han var kyndig til å bli en velsignelse og troens far fordi han hadde slik en sterk tro. Derfor skulle Guds barn som aksepterer Jesus som deres Frelser ha troen til Abraham. Du vil da kunne lovprise Gud ved å motta alle jordens velsignelser.

Tredje, for å Gi Løfte om Ånden

Den andre delen av Paulus Brev til Galaterne 3:14 sier, *"Så vi ved troen kunne få Ånden, som var oss lovet."* Dette menes at alle som tror at Jesus døde på tre korset for alle menneskene er frigjort for alle lovenes forbannelse og mottar løfte av den Hellige Ånd. I tillegg, alle som aksepterer Jesus som Frelseren mottar autoritet for Guds barn og den Hellige Ånd som en gave og forsikring (Johannes' Evangelium 1:12; Paulus Brev til Romerne 8:16).

Når du mottar den Hellige Ånd, kan du kalle Gud "Abba, Fader" (Paulus Brev til Romerne 8:15), ditt navn er skrevet i Livets Bok i himmelen (Lukas 10:20), og du har riket i himmelen (Paulus' Brev til Filippenserne 3:20). Dette er på grunn av at den Hellige Ånd, som er hjertet og styrken til Gud, leder deg til det evige liv ved å hjelpe deg med å forstå Guds ord og å leve i troen etter Hans ord.

Du vil likevel bli frelset når du ikke bare erkjenner at Jesus er din Frelser, men også tror i ditt hjerte at Han brøt autoriteten av døden og sto opp fra de døde. Paulus Brev til Romerne 10:9

angår dette: *"For dersom du med din munn bekjenner at Jesus er Herre, og i ditt hjerte tror at Gud oppvakte Han fra de døde, da skal du bli frelst."*

Før tidens begynnelse hadde Gud bestemt om en stor plan om at de som trodde på at Jesus var Frelseren ville bli forenet med Gud og lede dem til frelse. Denne planen er veldig fantastisk og mystisk. Menneskene måtte gå mot døden på grunn av den første mannens synder ifølge den spirituelle verdens loven, som sier at "Syndenes lønn er døden." Men de kunne bli satt fri fra forbannelses loven og reddet i troen av den samme loven på grunn av Satans brudd på den spirituelle verdens loven.

Menneskene måtte lide av smerter, problemer, og døden som djevelen brakte når de ble slaver til syndene på grunn av ulydigheten. Men alle som aksepterer Jesus som Frelseren og mottar den Hellige Ånd kan få frelse, evig liv, oppstandelse fra de døde, og oversvømmende velsignelser.

Privilegiumet og Velsignelsen som er Gitt til Guds barn

Alle de som åpner sitt hjerte til Jesus Kristus er tilgitt, mottar rettighetene til å bli Guds barn, og nyter fred og glede i hans hjerte. Dette er mulig på grunn av at Jesus tok alle våres synder en gang for alle ved å bli korsfestet. Slik står det i Salmenes bok 103:12, *"Så langt som øst er fra vest, lar Han våre misgjerninger være langt fra oss."* Det sies også i Brevet til Hebreerne 10:16-18 at *"Dette er den pakt som jeg vil opprette med dem etter hine dager, så sier Herren: 'Jeg vil gi mine lover i deres hjerter, og jeg vil skrive dem i deres sinn, og deres synder og deres overtredelser vil jeg ikke mere komme i hu.' Men hvor det er forlatelse for dem, der trenges ikke mere noe offer for synd."*

Det er ikke noe i verden som fortjener å bli sammenlignet med Guds barns rettigheter som er gitt ved troen. I denne verden har kongenes eller presidentens barn veldig innflytelsesrike rettigheter. Hvor mektige er ikke da rettighetene til Skaperens barn som styrer hele verden og styrer menneskenes historie og universet?

Gud betrakter det ikke som sann tro når du bare hevder at, "Jesus er Frelseren." Du må forstå hvem Jesus Kristus er, hvorfor Han er den eneste Frelseren for deg, og ha en sann tro basert på denne kunnskapen. Med den troen kan du da innse at Guds forsyn er skjult i korset og erkjenne, "Herren er Kristus og Sønnen til den levende Gud." Du kan dessuten leve etter Guds vilje. Uten denne sanne troen er det vanskelig for deg å ha troen kommende ifra hjertet og leve etter Guds ord. Derfor, ettersom Jesus fortalte oss i Matteus 7:21, *"Ikke enhver som sier til meg: Herre! Herre! Skal komme inn i himmelens rike, men den som gjør min himmelske Faders vilje."* Jesus erklærte tydelig at bare mennesker som refererer til Jesus som "Herre, Herre" og lever etter Guds vilje og budskap vil bli frelst.

Ikke Noe Annet Navn i Verden enn "Jesus Kristus"

Apostlenes Gjerninger 4 beskriver en scene hvor Peter og Johannes dristig vitner om navnet Jesus Kristus før Sanhedrin. De trodde virkelig at det ikke var noe annet navn enn "Jesus Kristus" hvor menneskene kunne nå frelse, og Peter, som var fyllt med den Hellige Ånd, var berettiget til å forkynne at *"Og det er ikke frelse i noen annen; for det er heller ikke noe annet navn under himmelen, gitt blandt mennesker, ved hvilket vi skal bli frelst."* (Apostlenes Gjerninger 4:12).

Hva slags spirituelle implikasjoner er det i navnet "Jesus Kristus"? Og hvorfor har ikke Gud gitt oss noe annet navn enn Jesus Kristus hvor vi må få frelse?

Forskjellen mellom "Jesus" og "Jesus Kristus"

Apostlenes Gjerninger 16:31 ber oss om å *"Tro på den Herre Jesus, så skal du bli frelst, du og ditt hus."* Det er en viktig grunn til at det sier "Herre Jesus," ikke bare "Jesus."

Her er "Jesus" referert til som en mann som vil redde Hans folk fra deres synder. "Kristus" er et gresk ord som menes "Messias" i hebraisk. Det er "den som var salvet" (Apostlenes Gjerninger 4:27). og det refererer til Frelseren som er mellommannen mellom Gud og menneskene. Det vil si, "Jesus" er navnet til den fremtidige frelser, men "Kristus" er navnet på Frelseren som har allerede reddet folket.

Under de Gamle Testament dagene, Gud salvet personen

som ville bli konge, eller en prest, eller en profet ved å helle olje over salvedes hode (3. Mosebok 4:3; 1. Samuels-bok 10:1; 1. Kongebok 19:16). Olje symboliserer den Hellige Ånd. Å salve noen menes derfor å gi den Hellige Ånd til personen som ble valgt av Gud.

Jesus var salvet som Konge, Sjefs Prest, og Profet, og kom til denne verden som et menneske for å frelse alle mennesker i samsvar med Guds forsyn som hadde blitt bestemt før tidens begynnelse. Han ble korsfestet for å redde oss, og ble vår Frelser da Han sto opp fra de døde den tredje dagen etter at Han var korsfestet. Han er derfor Frelseren som har fullført Guds forsyn med frelse. Det vil si, Han er Kristus.

Vedrørende tiden før korsfestelsen, da kaller vi Han bare "Jesus." Men etter korsfestelsen og oppståelsen, skal Han ha navnet "Jesus Kristus," "Herren Jesus," eller "Herren."

Du skal vite at det er stor forskjell på makten mellom "Jesus" og "Jesus Kristus." Jesus er navnet Han fikk før Han fullførte frelsens forsyn og djevelen er ikke så redd for dette navnet. Navnet "Jesus Kristus," med andre ord, er underforstått med de følgende tre: blodet som reddet oss fra syndene; oppståelsen som brøt dødens autoritet; og livet som er for evig. Så med dette navnet, skjelver djevelen av redsel.

Mange mennesker glemmer dette faktum fordi de ikke forstår denne forskjellen. Men det er sant at Guds arbeide og svar vil bli forskjellig fra hvilket navn du bruker (Apostlenes Gjerninger 3:6).

Når du ber til Gud i navnet av vår Herre Jesus Kristus og tenker på dette faktum, vil du leve et seirende liv fyllt med raske og mange svar fra din Gud den Allmektige.

Jesus' Fullstendige Lydighet

Selv om Jesus var Gud i personen, Han regnet ikke seg selv for å være jevnbyrdig med Gud og prøvde heller ikke å henge på Hans rettigheter som Gud. Han gjorde seg selv ubetydelig; Han tok den ydmykede plassen som en slave og fremtådte som et menneske.

En god tjener har ikke sin egen vilje. Han arbeider etter hans herres vilje i stedet for sin egen. Det er tjenerens plikt å adlyde sin herres vilje hvorvidt det er det samme som hans egen vilje eller følelser. Jesus adlød Guds vilje med hjerte til en god tjener, og kunne derfor utføre Hans misjon for menneskenes frelse.

Gud opphøyet Jesus, som adlød Guds' vilje ved å si "Ja" og "Amen", til det høyeste stedet og la mange mennesker erkjenne at Han er Herren.

Derfor har og Gud høyt opphøyet ham og gitt ham det navn som er over alt navn, så at i Jesu navn skal hvert kne bøye seg, deres som er i himmelen og på jorden og under jorden, og hver tunge bekjenne at Jesus Kristus er Herre, til Gud Faders Ære. (Paulus' Brev til Filipenserne 2:9-11).

Navnet "Herre Jesus" Vitner til Gud's Makt

Det sies i Johannes 1:3, *"Alt er blitt til ved han, og uten han er ikke noe blitt til av alt som er blitt til."* Ettersom alle tingene i verden ble skapt gjennom Jesus, Han har autoritet til å styre over alle ting som Skaperen. Når Jesus, som er Sønnen til Gud Skaperen, befalte livsløse ting som stormfull vind og bølger om å adlyde Ham og stilnet, og et fiken tre visnet med en gang når Han forbannet det.

Jesus hadde autoritet til å tillgi synder og redde syndere fra straffen av deres synder. Så, Jesus sa til en paralytiker i Matteus 9:2, *"Vær frimodig, sønn! dine synder er deg forlatt."* og sa i vers 6, *"Men for at dere skal vite at Menneskesønnen har makt på jorden til å forlate synder. Da sier Han til den verkbrudne: 'Stå opp og ta din seng og gå hjem til ditt hus.'"*

I tillegg har Jesus makten til å helbrede alle slags sykdommer og handikap, og gjenopplive de døde. Johannes 11 beskriver en scene hvor den døde mannen Lasarus kom ut fra graven med hans hender og føtter dekket med remser av lintøy når Jesus kaldte med høy stemme, "Lasarus, kom ut." Han hadde vært død i fire dager og det var en forferdelig lukt, men han spaserte ut av graven som en frisk mann.

Likeledes gir Jesus deg hva du enn spør etter med troen, fordi Han har Guds fantastiske makt.

Jesus Kristus, Guds Kjærlighet

Som det sies i Johannes 1. Brev 4:10, *"I dette er kjærligheten, ikke at vi har elsket Gud, men at Han har elsket oss og sendt sin Sønn til soning for våre synder,"* Gud viste oss Hans utrolige kjærlighet. Han sendte sin eneste Sønn som et sonende offer når vi fremdelses var syndere. Gud måtte tåle store smerter og åpnet menneskenes frelse når Hans Sønn Jesus var spikret opp på korset og forblødde. Hvordan følte kjærlighetens Gud det når Hans eneste Sønn Jesus ble korsfestet? Gud kunne ikke se på mens Han satt på Hans trone. Matteus' Evangelium 27:51-54 forteller oss hvor mye Gud led når Jesus ble korsfestet.

Og se, forhenget i templet revnet i to stykker fra øverst til nederst, og jorden skalv, og klippene revnet. Gravene åpnedes, og mange av de hensovede helliges legemer sto opp, Og de gikk ut av gravene etter Hans oppstandelse, og kom inn i den hellige stad og viste seg for mange. Men da hovedmannen og de som holdt vakt med ham over Jesus, så jordskjelvet og det som skjedde, ble de såre forferdet og sa: "Sannelig, denne var Guds Sønn!"

Dette viser klart og tydelig at Jesus ikke var korsfestet for sine egne synder, men for Guds store kjærlighet med å lede alle mennesker til frelserens vei. Likevel er det mange mennesker som ikke aksepterer eller forstår Guds utrolige kjærlighet.

Etter Adams ulydighet kunne ikke menneskene være hos Gud og ble derfor menn med synd. Men Jesus kom til jorden og ble mellommannen mellom Gud og oss slik at Han kunne gi Imanuels velsignelse til alle mennesker (Matteus Evangeliet 1:23). Gjennom Jesus' smerter og lidelser på korset, fikk vi ren fred og ro.

Derfor håper jeg at du forstår Guds store kjærlighet, som ga oss sin eneste Sønn for å befri oss fra alle våre synder og evig død, og den ofrende kjærligheten til Herren som, selv om Han var uskyldig, var korsfestet på våre vegne og åpnet veien til frelse.

6. Kapittel

KORSETS FORSYN

- Født i en Stall og Lagt i en Krybbe
- Jesus' Liv i Fattigdom
- Pisket og Mistet Alt Blod
- Kledd i Tornekrone
- Jesus' Klesplagg og Tunika
- Spikret Gjennom Hans Hender
  og Føtter
- Jesus' Ben Var Ikke Brukket,
  men Hans Side Var Gjennomboret

Sannelig, våre sykdommer har han tatt på seg, og våre piner har Han båret; men vi aktet Ham for plaget, slått av Gud og gjort elendig. Men Han er såret for våre overtredelser, knust for våre misgjerninger; straffen lå på Ham, for at vi skulle ha fred, og ved Hans sår har vi fått lægedom. Vi fór alle ville som får, vi vendte oss hver til sin vei; men Herren lot våres alles misgjerninger ramme Ham.

Esaias 53:4-6

I Guds plan om å beholde gode barn, den mest viktige del var at Jesus kom som menneske til denne verden, ble rammet av alle slags lidelser, og døde på korset. Gjennom alt dette, utførte Han veien til frelse for menneskene. Guds forsyn av korset har en dyp spirituell mening. Jesus, Guds eneste Sønn, forlot den himmelske ære, var født i en bås med dyr, og levde i fattigdom gjennom hele sitt liv. I tillegg var Han pisket og spikret til korset med Hans hender og føtter, bår en krone av torner og mistet alt blodet og vannet i kroppen når de boret hull i Hans side med et spyd. Alle lidelsene som Jesus erfarte inneholdt Guds overveldende kjærlighet.

Når du fullt ut forstår den spirituelle meningen med korset og Jesus' lidelser, vil ditt hjerte sikkert bli beveget av Guds kjærlighet og du vil ha sann tro. Du kan også få svar på alle problemene i ditt liv som fattigdom og sykdom, like som himmelens evige kongedømme.

Født i en Stall og Lagt i en Krybbe

Jesus som var selve Gud, var herre over alle ting i himmelen og på jorden og den mest ærede personen. Likevel kom Han som et menneske til denne verden for å befri menneskene fra synden og lede dem til frelse.

Jesus er den eneste Sønnen til Gud den Allmektige Skaperen. Hvorfor var Han så ikke født på et luksus sted eller i det minste i et trivelig rom? Kunne ikke Gud la Ham bli født på et praktfult sted? Hvorfor lot Han Jesus bli født i en stall og lagt i en krybbe? Det er en dyp spirituell mening med dette. Du må vite at Jesus ble født spirituellt på den mest praktfulle måten. Fordi om menneskene ikke kunne se med deres øyne, Gud var så fornøyd med fødselen til Jesus at Han satte en ring rundt Jesus barnet med ærede lys i nærværelse av et stort besøk av de himmelske hærskare og engler. Du kan føle litt av Hans spenning ifra Lukas' Evangeliet 2:14, som sier følgende: *"Ære være Gud i det høyeste, og fred på jorden, i mennesker Hans velbehag."* Gud hadde også forberedt gode ledsagere og De Tre Vise Menn fra østen led dem til tilbedelse av Jesus barnet.

All æren og tilbedelsen ble gjort på grunn av at Jesus ville åpne døren til frelse ved å komme til denne verden, en stor menge mennesker vil gå inn til den evige himmelen som Guds barn, og Jesus som er Guds Sønn vil bli Konge av alle konger og alle herrers Herre.

Guds Forsyn Skjult i Jesus Fødsel

Når Jesus var født, Caesar Augustus sendte ut et påbud om at en opptelling skal bli tatt av hele det Romerske keiserdømme. Jødene var under kolonisk regel under Roma og dro tilbake til deres hjemby og registrerte seg, med hensyn til Caesars befaling.

Josef dro også opp med hans forlovede Maria fra hjembyen

Nasaret i Galilea til Betlehem byen til David, fordi han hørte hjemme i Davids hus. Maria hadde en forpliktelse til Josef og mottok et barn fra den Hellige Ånd før de dro dit, og fødte den førstefødte Jesus mens de var der.

Navnet "Betlehem" menes "Brød Huset," og det var hjemmebyen til Kong David (1. Samules-bok 16:1). Profeten Mika 5:1 skriver det følgende om byen Betlehem: *"Men du betlehem, Efrata, som er liten til å være med blandt Judas tusener! Av deg skal det utgå for meg en som skal være hersker over Israel. Og hans utgang er fra fordum, fra evighets dager."* Betlehem var profetert som fødslestedet til Messias.

På den tiden var det ikke noe ledig rom for Maria og Josef ved noe vertshus, fordi tusenvis av folk var i Betlehem for å registrere seg. Der ga Maria fødsel til barnet i stallen. Hun pakket Han inn i klær og la Ham i krybben, en lang kasse som ble vanligvis brukt til å mate kuer eller hester.

Så hvorfor var Jesus som kom som en Frelser for menneskene, født på en slik beskjeden og enkel måte?

For å Frelse Mennesker Som Er Ville Som Dyr

Predikerens bok 3:18 sier, *"Jeg sa i mitt hjerte: Dette skjer for menneskenes barns skyld, for at 'Gud kan prøve dem, og for at de kan se at de i seg selv ikke er annet enn dyr.'"* Mennesker som har mistet synet av Gud, er som dyrene i Guds syn. Den første mannen Adam var opprinnelig en levende skapning i Guds speilbilde. Han var også en mann med ånd fordi Gud lærte ham bare om de sanne ordene.

Med Adam spiste frukten fra treet med kunnskapen om godt og ondt i motsetning til Guds befaling, så hans ånd døde og han kunne ikke kommunisere med Gud mere. I tillegg var han heller ikke lenger herre over alle skapninger. Satan egget Adam til å følge den syndige vei, og hans rene og sanne hjerte ble forandret til et urent og løgnaktig hjerte.

I ditt daglige liv, har du kanskje hørt utrykket "Han er ikke bedre enn et villdyr." Du hører ofte gjennom media om mennesker som ikke er noe bedre enn dyr. For deres egne fordeler, de bedrar lett og svindler sine naboer, kunder, venner, og familie medlemmer. Foreldre og barn hater og virker som de noen ganger er klare til å drepe hverandre.

Mennesker våger å gjøre slike handlinger fordi sjelen har blitt menneskenes herre siden ånden døde, og de har mistet Guds speilbilde på grunn av deres synder. Akkurat som dyrene som er bare laget av sjel og kropp, slike mennesker kan ikke komme inn i himmelen eller kalle Gud Abba Fader. Jesus var født i en stall for å frelse de menneskene som ikke er bedre enn dyr.

Jesus Er Sann Spirituell Næring

Jesus var lagt i en krybbe, en foringskasse for hester, for å virkelig bli sann spirituell næring for mennesker som ikke er bedre enn dyr (Johannes Evangelium 6:51).

Med andre ord, det var et gudommelig forsyn å lede menneskene til en fullstendig frelse ved å gjøre det mulig for ham å få tilbake Guds tapte speilbilde og utføre alle menneskenes plikter. Hva er så alle menneskenes plikter? Predikerens Bok

12:13-14 gir oss litt forståelse:

Enden på det hele, etter at alt er hørt, er dette: Frykt Gud og hold Hans bud! Det er hva hvert menneske bør gjøre. For hver gjerning vil Gud føre frem for dommen over alt som er skjult, enten det er godt eller ondt.

Hva menes med "frykt Gud?" Salomos Ordspråk 8:13 sier at vi skal *"Å frykte Herren er å hate ondt."* Å frykte Gud er derfor å ikke akseptere ondskapen mere og om å samtidig kaste vekk all slags ondskap fra innerst inne i ditt hjerte.

Hvis du virkelig frykter Gud, må du gjøre ditt beste til å forkaste all slags ondskap, og kjempe mot synden og kaste den bort helt til du blør. Akkurat som studenter som studerer hardt for å få en god fremtid, skal du gjøre ditt beste til å frykte Gud og gjøre hele plikten til menneskene for å nyte Guds kjærlighet og velsignelse.

I Bibelen kan du finne Guds befalinger som er gitt til Hans barn som "gjør det; ikke gjør det, behold dette; kast dette." På den ene siden, Gud forteller oss at hva Guds barn burde gjøre er å "be, elske, takke og mange flere." På den annen side, Gud befaler oss om å ikke gjøre ting som fører til døden slik som hat, utroskap og fyll.

Han forteller oss også å adlyde visse befalinger, slik som "Hold hviledagene hellige," "Hold ditt løfte," og lignende. Gud anbefaler oss også til å kaste bort noe skadelig, ved å si "Unngå all slags ondskap," "Kast bort din grådighet," o.s.v.

Det er menneskenes hele forpliktelse å frykte Gud og holde

Hans befalinger. Gud vil holde oss ansvarlig for hver av våre handlinger på dommedagen, alle skjulte ting enten de er gode eller onde. Derfor, når du bor som et dyr uten å utføre menneskenes hele forpliktelse, er det naturlig for deg å falle i helvete som et resultat av Guds bedømmelse.

Likesom Jesus var født i en stall og ble lagt i en krybbe for å frelse de mennesker som ikke er bedre enn dyr og for å få sann spirituell næring for dem.

Jesus' Liv i Fattigdom

Johannes 3:35 sier, *"Faderen elsker sin Sønn og har gitt ham alle ting."* Du leser i Paulus' Brev til Kolosserne 1:16, *"For i ham er alle ting skapt, de i himlene og de på jorden, de synlige og de usynlige, enten det så er troner eller herredømmer eller makter eller herredømmer eller myndigheter; alt er det skapt ved Ham og til Ham."* Med andre ord, Jesus er den eneste Sønn av Skaperen, og Herren til alle ting i himmelen og på jorden.

Hvorfor kom Han så til denne verdenen på en slik fin og beskjeden måte og bodde i fattigdom når Han var selve Gud den Allmektige og var etter alle målingene rik?

For å Frelse Menneskene Fra Fattigdom

Paulus' Annet Brev til Korintierne 8:9 sier, *"For dere kjenner vår Herre Jesu Kristi nåde, at han for deres skyld ble fattig da han var rik, for at dere ved hans fattigdom skulle bli rike.*" Forsynet om Guds fantastiske kjærlighet er demonstrert i dette. Jesus, som var Konge av alle konger, Herre over alle herrer, og den eneste Sønnen til Skaperen, overga all sin himmelske ære, kom til denne verden, og levde i fattigdom med forakt og mishandling av mennesker for å frelse menneskene fra fattigdom.

I begynnelsen skapte Gud menneskene til å få og spise frukt uten å arbeide for det og til å nyte et gunstig liv uten noe hardt arbeide. Men etter at den første mannen Adam ikke adlød Guds ord og ble fordervet moralsk, menneskene kunne spise maten bare ved hardt arbeide og med ens eget slit. På grunn av dette, lever menneskene ofte i mangel og fattigdom.

Fattigdom i seg selv er ikke noen synd, så Jesus lot ikke blodet renne for å frelse oss fra fattigdom. Men fattigdom er en forbannelse som viste seg etter Adams ulydighet til Gud, derfor ble det til at Jesus gjorde deg rik ved at Han levde i fattigdom.

Noen sier at Jesus' livslange fattigdom menes spirituell fattigdom. Men på grunn av at Jesus var skapt gjennom den Hellige Ånd og er en med Gud Faderen, er det ikke riktig å tenke at Han var fattig sjelelig.

Du må tenke på at Jesus levde i fattigdom for å frelse deg fra fattigdom og at du kan leve et rikt liv med takknemlighet for Guds kjærlighet og nåde.

Noen sier at det er galt å spørre om penger i bønner. Andre tror at hvis du er kristen, skal du leve i fattigdom. Men, det er absolutt ikke Guds vilje.

I Bibelen kan du lese mange ord med velsignelse. For

eksempel leser du i Femte Mosebok 28:2-6 at:

> *Alle disse velsignelser skal komme over deg og nå deg, så sant du hører på Herren, din Guds røst: Velsignet være du i byen, og velsignet være du på marken! Velsignet være ditt livs frukt og frukten av din jord og frukten av ditt fe, det som faller av ditt storfe, og det som fødes av ditt småfe! Velsignet være din kurvog ditt deigtrau. Velsignet være du i din inngang, og velsignet være du i din utgang.*

Johannes' Tredje Brev 1:2 ber oss om, *"Du elskede! Jeg ønsker at du i alle deler må ha det godt og være ved god helse, likesom din sjel har det godt."* Guds valgte men som Abraham, Isak, Jakob, Josef, og Daniel førte faktisk alle til veldig lykkelige liv.

Å Leve et Rikt Liv

I Hans rettferdighet, Gud lar deg høste hva du har sådd. Akkurat som foreldre som bare gir gode ting til deres barn, din kjærlige Gud vil gi deg alt du spør om i troen (Markus 11:24).

Gud vil gi deg svar og velsignelser, men du kan ikke få noe hvis du ikke spør eller hvis du spør uten noe som helst forstand. Derfor, hvis du prøver å høste noe uten å så noe, gjør du narr av Gud og går mot den spirituelle loven.

Noen sier kanskje, "jeg vil så, men jeg kan ikke på grunn av at jeg er så fattig." Men i Bibelen kan du finne mange mennesker som var veldig fattige, men som gjorde sitt beste til å så og var rikelig velsignet som belønning.

I 1. Kongebok 17, finner vi ut at det var en tre-og-en-halvt års hungersnød i landet. Mens det fremdeles var hungersnød, en enke i Zarephath in Sidon laget en liten brødkake for profeten Elijah med en neve mel i et glass og litt olje i en kanne som var alt hun hadde. Gud var så glad for å tjene Hans tjenere og velsignet henne rikelig: glasset med mel ble ikke brukt opp og kannen med olje ble ikke tørr til den dagen Gud ga regn til landet (1. Kongebok 17:14).

På et tidspunkt under Jesus' tid, en fattig enke puttet inn to veldig små mynter, som bare var verdt en del av et øre, inn i tempelets skattekammer. Men uansett ville Jesus at den fattige enken skulle bruke mere tid enn alle andre. Det var på grunn av at hun ga fra hennes fattigdom og puttet inn alt – alt hun hadde, mens andre ga en del av deres eiendeler (Markus 12:42-44).

Det viktigste ved din tankegang er å gi alt til Gud. Gud ser ikke på mengden av ditt offer, men duften av den behagelige aromaen av kjærlighet og tro som er inne i offeret og velsigner deg rikelig.

Pisket og Mistet Alt Blod

Før korsfestelsen, romerske soldater gjorde narr av og foraktet Jesus ved å slå Ham i fjeset, spytte på Ham, o.s.v. De prylet også Jesus med en pisk, en lang lær rem med dinglende bly kroker.

På den tiden, romerske soldater var mere robust, disiplinerte, og de sterkeste kreftene i verden. Hvor forferdelig ville smertene ha blitt når de tok av Hans klær og pisket Ham? Når de pisket Hans kropp med pisken, Hans hud var revet av, benene kom til syne og blodet strømmet ut.

For å fullføre Esaias forutsigelser *"Min rygg bød jeg frem til dem som slo, og mine kinner til dem som rykket meg i skjegget; mitt ansikt skjulte jeg ikke for hån og spytt."* (Esaias 50:6), Jesus prøvde aldri å unnvike noen av piskingene.

Helbredelsen av Sykdommene

Hvorfor ble så Jesus pisket med en pisk og hvorfor tapte Han alt blodet? Hvorfor tillot Gud dette å skje med Hans Sønn? Esaias 53 forklarer grunnen til alle Jesus' lidelser og elendigheter.

Men Han var såret for våre overtredelser, knust for våre misgjerninger; straffen lå på Ham, for at vi skulle ha fred, og ved Hans sår har vi fått lægedom. Vi for alle ville som får, vi vendte oss hver til sin vei; men Herren lot våres alles misgjerninger ramme ham (Esaias 53:5-6).

Jesus ble boret hull i og knust for dine overtredelser og ondskaper. Han ble straffet, pisket og blødde for å gi frihet og satte deg fri fra alle sykdommene.

I Matteus 9, når Jesus helbredet en lammet som lå på en matte, løste Han først hans syndige problemer, ved å si "Dine synder er tilgitt." Først etter det fortalte Gud ham å "Stå opp, bær din seng og gå hjem."

I Johannes 5, etter at Jesus hadde helbredet en som hadde
vært invalid for trettiåtte år, sa Han til ham, *"Se, du er blitt
frisk; synd ikke mere, for at ikke noe verre skal vederfares
deg."* (Johannes 5:14).

Bibelen forteller oss at vi blir syke på grunn av våre synder. Så
du trenger noen som kan løse dine syndige problemer, slik at du
kan bli fri for sykdommene. Uten tapet av blodet, kan det
immidlertidig ikke bli noen tilgivelse (3. Mosebok 17:11).

Det er derfor rundt de Gamle Testament tidene, når noen
syndet at presten slaktet et dyr som et sonende offer. Men du
trenger nå immidlertidig ikke å slakte et dyr som offer etter at
Jesus selv kom ned til jorden og tapte alt sitt plettfrie, rene, og
innflytelsesrike blod. Jesus' Hellige blod sonet for menneskenes
synder fra fortiden, nåtiden, og til og med fremtiden.

Å Akseptere Våre Svakheter og Sykdommer

Matteus' Evangelium 8:17 sier, *"For at det skulle opfylles
som er talt ved profeten Esaias, som sier: 'Han tok våre
skrøpeligheter på seg og bar våre sykdommer.'"* Derfor, hvis
du vet hvorfor Jesus ble pisket og tapte alt blodet, og tror på det,
trenger du ikke å lide av svakheter og sykdommer.

Peters Første Brev 2:24 sier, *"Han som bar våre synder på
sitt legeme opp på treet, for at vi skal avdø fra våre synder og
leve for rettferdigheten, han vet hvis sår dere er lægt."* Den
foreløpige perfektum er brukt i dette verset fordi Jesus allered
har befridd alle menneskenes synder.

Uansett om din påstand om å tro på det fakta at Jesus bar våres svakheter og sykdommer ved at Han ble pisket og blødde, hvorfor lider noen av oss fremdeles av sykdommer? Gud sier i 2. Mosebok 15:26, *"Dersom du hører på Herren din Guds røst, og gjør det som er rett i hans øyne, og gir akt på hans bud, og holder alle hans forskrifter, da vil jeg ikke legge på deg noen av de sykdommer som jeg la på egypterne; for jeg er Herren, din læge."* Dette menes at hvis du gjør hva som er riktig i Guds øyne, ikke noe sykdommer vil plage deg, fordi Gud med Hans øyne som en voldsom flamme beskytter deg fra dem.

La oss gi et eksempel. Når et barn kommer hjem etter å ha blitt slått av en av nabo barna, foreldrenes svar og holdning mot denne episoden kan bli veldig forskjellig avhengig av deres tro.

En vil kanskje lære sitt barn dette: "Hvorfor blir du alltid banket opp? Hvis du blir banket opp en gang, må du slå tilbake to eller tre ganger." Noen andre foreldre vil kanskje besøke foreldrene til barnet som banket opp hans barn og klage seg til dem. Noen andre foreldre håndterer det kanskje ikke på noen av disse måtene, men han blir kanskje veldig irritert eller ergerlig inne i seg.

Men Gud sier at du må overvinne ondskapen med godhet, elsk til og med dine fiender, og søk fred med alle, ved å si, *"Men jeg sier eder at dere ikke skal sette dere imot den som er ond mot dere; men om noen slår deg på ditt høyre kinn, da vend da også det andre til ham."* (Matteus 5:39).

Derfor, hvis du gjør hva som er riktig i Hans øyne, er det ikke vanskelig for deg å holde Gud's bud og påbud. Når du fortsetter med å be og gjør ditt beste, vil Gud's ære og makt komme til deg og du kan lettvint gjøre alt mulig ved hjelp av den Hellige ånd. Hvis du kaster bort syndene og gjør hva som er riktig i Gud's øyne, vil alle sykdommer bli borte. Til og med hvis du blir syk, Gud, Helbrederen tilgir deg dine synder og helbreder deg fullstendig når du finner ut av hva du gjorde feil i Gud's øyne og angre på det med hele ditt hjerte.

Fordi om du sier til Gud den Allmektige at du angrer deg, men du henviser deg til resten av verden eller hospitalet når du står overfor et problem eller en sykdom, Gud er ikke fornøyd med deg fordi at det viser at du ikke virkelig tror på den Allmektige Gud (2. Krønikebok 16).

Kledd i Tornekrone

En krone er i virkeligheten for en konge med hans kongelige kappe. Fordi om Jesus var Guds eneste sønn, kongenes Konge og herrenes Herre, Han bar en krone laget av lange og harde torner i stedet for en vakker krone laget av gull, sølv, eller juveler.

Da tok landshøvdingens stridsmenn Jesus med seg inn i borgen og samlet hele vakten omkring Ham. Og de kledde Ham av og hengte en skarlagens kappe om Ham. De flettet en krone av torner og satte på Hans hode, og ga Ham et rør i Hans høyre hånd, og de falt på kne for Ham og hånte Ham og sa: "Vær hilset du jødenes konge!" De spyttet på Ham og tok røret og slo Ham i hode. (Matteus 27:27-30).

Romerske soldater flettet torner sammen for å lage en krone for liten for Jesus, og satte den fast på hode Hans. Så tornene stakk inn i Hans hode og panne, og blod fløt nedover Hans ansikt. Hvorfor lot den Allmektige Gud sin eneste Sønn bære en krone av torner, lide av en ubehagelig smerte, og miste alt blodet?

Først bar Jesus tornekronen for å felse oss fra alle syndene som vi har begått i tankene.

Når menneskene, som er skapt av Gud, går til alters med Ham og adlød Hans Ord, begikk han ingen synder fordi hans tanker var alltid etter Guds vilje og han adlød Ham.

Men en gang når han var fristet av en slange og fikk Satans tanker, begikk han synder med en gang. Han hadde aldri før tenkte på å spise frukten på treet med kunnskapen on godt og ondt. Men etter å ha blitt fristet, spiste han det fordi det viste seg å være god mat og veldig godt å se på og også godt for å øke kunnskap.

Akkurat som Satan ledet de første menneskene Adam og Eva til ikke å adlyde Gud, prøver de nå å lede deg til å begå syndige tanker.

I menneskenes hjerne er det celler som er ansvarlige for hukommelse. Alt hva du har sett, hørt, og lært siden fødsel har blitt puttet inn i en hukommelses celle med dine egne følelser til spesielle begivenheter, individer, og informasjon. Vi kaller dette "kunnskap." Hva vi kaller "tanker" er en del av denne reproduksjonen av disse oppbevarte kunnskapene gjennom vår sjels arbeide. Mennesker har vokst opp i forskjellige miljøer. Hva de alle har sett, hørt, og lært er forskjellig fra hverandre og hva som er satt i deres hjerne er også forskjellig. Fordi om alt de har sett, hørt, og lært er det samme, hver og en har deres egne følelser og derfor er det en selvfølge at mennesker har forskjellige verdier.

Guds ord er ofte ikke i likhet med vår egen kunnskap og teori. For eksempel, du tenker kanskje at hvis du vil bli fornem, så må du gjøre alt for å seire over andre. Men Gud lærer deg at alle som ydmyker seg selv vil bli opphøyet (Matteus' Evangeliet 23:12).

De fleste folk tror at det er veldig naturlig å hate deres fiender, men Gud ber oss om å "Elske din fiende" og "Hvis din fiende er sulten, gi han mat; hvis han er tørst, gi ham noe å drikke."

Guds tanker er spirituelle, men menneskenes tanker er kjødelig. Satan gir deg kjødelige tanker slik at han frister deg til å unngå Gud, forhindrer deg i å få virkelig tro og får deg til å følge de jordisk veiene, som til sist leder deg til synd og evig død.

I Matteus 16:21 og de følgende versene, forklarer Jesus til Hans disipler at Han vil lide mye, og at Han skal bli drept på korset og stå opp fra de døde den tredje dagen. Når han hørte dette, tok Peter Jesus til side og begynte å irettesette Ham ved å si, *"Gud fri deg, Herre! Dette må ingenlunde vederfares Deg."* (v. 22). Men Jesus snudde seg rundt og sa sint til Peter, *"Vik bak meg, Satan! Du er meg til anstøt; for du har ikke sans for det som hører Gud til, men bare for det som hører menneskene til"* (v. 23). Når Jesus sa sint "Vik bak meg, Satan," Mente Han ikke at Peter var Satan, men at det var selveste Satan som arbeidet i Peters tanker for å forhindre Guds arbeide.

Dette var på grunn av at Jesus måtte bære korset for at menneskene skulle bli frelset i samsvar med Guds vilje, men Peter prøvde å forhindre Ham i å utføre Guds vilje med hans kjødelige tanker. Apostelen Paulus skriver i Annet Brev til Korintierne 10:3-6 følgende:

> For om vi enn vandrer i kjødet, så strider vi dog ikke på kjødelig vis; for våre stridsvåpen er ikke kjødelige, men mektige for Gud til å omstyrte festnings-verker. Idet vi omstyrter tankebygninger og enhver høyde som reiser seg mot kunnskapen om Gud, og tar enhver tanke til fange under lydigheten mot Kristus, og er rede til å straffe all ulydighet, når først deres lydighet er bitt fullkommen.

Du skal ødelegge dine egne argumentasjoner og begrunnelse, som er satt opp og ofte arbeider mot Guds kongedømme. Ta fatt på hver tanke for å gjøre det lydig til Kristus for å kunne leve i samsvar med sannheten, da vil du bli en person med ånd og tro.

Du må kaste bort tankene om at du må slå folk tilbake to ganger for at du ikke skal få skam på deg når han slår deg fordi denne kjødelige tanken er mot sannheten.

Derfor må du kaste bort alle syndene som kommer gjennom dine tanker. For å få i orden problemet med syndene fullstendig, skal du først og fremst gi opp alle de kjødelige lyster, dine øynes lyster, og ditt livs stolthet. Disse er de usanne tankene som Satan liker. De kjødelige lyster, det vil si, tankene som kommer til hans sinn, og som er ønsket mot Guds vilje. Paulus' Brev til Galaterne 5:19-21 skriver om slike lyster:

Men kjøttets gjerninger er åpenbare, såsom: utukt, urenhet, skamløshet, avgudsdyrkelse, trolldom, fiendskap, kiv, avind, vrede, stridigheter, tvedrakt, partier, misunnelse, mord, drikk, svir og annet slikt; om dette sier jeg dere forut, likesom jeg og forut har sagt, at de som gjør sådant, skal ikke arve Guds rike.

Det store ønske om å gjøre hva Gud befaler deg om, er å kaste bort alle de kjødelige lystene. Ens øynes lyster menes at ens sinn blir kraftig innvirket av hva han ser og hører og han begynner å gå etter ønsker som kommer fra hans sinn. Når en elsker verden ved å søke lysten av øynene, bare disse ønskene virker å være verdifulle og han blir ikke tilfredstilt med noe.

Et skrytende sinn viser seg i en person når de mottar fornøyelse av verden i hans forfølgelse etter å tilfredstille kjødets lyster og hans øynes lyster. Dette er kalt livets stolthet.

For å frelse oss ifra all slags umoral, lovløse, og ondskap, bar Jesus en krone av torner og tapte alt Sitt blod. Siden bare det uskyldige og skinnende rene blodet til Jesus kunne frelse oss ifra våre synder, frelset Han oss ifra alle våre syndige tanker ved å bære en tornekrone på Hans hode og tapte alt Sitt blod.

Andre, Jesus bar en tornekrone slik at menneskene kunne bære en bedre krone i hmmelen.

En annen grunn til at Han bar på en tornekrone er for at du skal kunne få bære en bedre krone. Ettersom Han frelset deg ifra fattigdom og gav deg rikelig ved å leve et fattig liv, bar Han tornekronen slik at du kan bære en bedre krone i himmelen.

Det er en *uforgjengelig krans* som det er skrevet om i Paulus' Første Brev til Korintierne 9:25: *"Hver som er med i veddekamp, er avholdende i alt. Hine for å få en forgjengelig krans, men vi en uforgjengelig."* En uforgjengelig krans er laget til Guds barn som strever med å kaste bort deres synder. Den *uvisnelige kransen* er laget for de som kaster bort alle deres synder og lever etter Guds ord og ærer Ham (Peters 1. Brev 5:4). *Livsens krone* er også laget til de som virkelig elsker Gud, er Ham trofaste til dødens ende, og blir hellige ved å gi opp all slags ondskap (Jakobs Brev 1:12; Johannes' Åpenbaring 2:10).

Rettferdighetens krans er gitt til de som, apostelen Paulus ble hellige ved å kaste bort alle deres synder og videre, utfåre deres misjon fullstendig i samsvar med Guds vilje (Paulus' Annet Brev til Timoteus 4:8).

Det er også beskrevet i Johannes' Åpenbaringen 4:4 at *"Rundt omkring tronen var det fire og tyve troner, og på tronene så jeg fire og tyve eldste sitte, kledd i hvite klær, med gullkroner på sine hoder."* Gullkronen er laget for mennesker som rekker frem til høyden av en eldste sittende og som vil tjene Gud i det Nye Jerusalem.

Her refererer ikke "eldste" til de mennesker som er gitt den tittelen i kirkene på jorden, men beskriver mennesker som er anerkjent av Gud som eldste på grunn av at de er hellige og trofaste i hele Guds hus, og har en uforandret tro av gull. Gud gir forskjellige kroner til Hans barn avhengig av hvordan de har kastet bort deres synder og utført Guds misjon. Guds barn vil få det fint i himmelen, og vil få bedre kroner hvis de ikke tenker på hvordan de kan tilfredstille deres syndfulle naturlige ønsker og oppføre seg som det passer seg i henhold til Guds ord (Paulus Brev til Romerne 13:13-14), hvis de har fred i sjelen etter som de lever etter Ånden (Paulus Brev til Galaterne 5:16), og hvis de troverdig utfører deres plikt og misjon!

På samme vis frelset Jesus deg fra syndige tanker ved å bære en krone av torner og ved å tape alt blodet. Hvor takknemlig du må være på grunn av at Han lager bedre kroner i himmelen som Han gir deg i overensstemmelse med hvor mye tro du har og fyllbyrdelsen av din misjon!

Derfor må du være klar over hvor vidunderlig det er å bli kvalifisert til å motta disse kronene. Da skulle du ha din Herres hjerte ved å forsake all slags ondskap, gjøre god misjon, og bli trofast ved alle Guds hus. Jeg håper at du vil motta den beste kronen som du kan i himmelen.

Jesus' Klesplagg og Tunika

Jesus som bar en tornekrone og hadde blod rennende over hele Hans kropp på grunn av en forferdelig pisking, kom til Golgotha, et sted for korsfestelse. Når de romerske soldatene korsfestet Jesus, tok de Hans klær, delte dem inn i fire deler, en til hver av dem. De delte ikke opp tunikaen, men kastet lodd for den.

Da nu stridsmennene hadde korsfestet Jesus, tok de Hans klær og delte dem i fire deler, en for hver stridsmann. Likeså tok de kjortelen. Men kjortelen var usydd, vevd fra øverst og helt igjennom. De sa da til hverandre: "La oss ikke rive den i stykker, men kaste lodd om hvem som skal ha den!" – for at skriften skulle oppfylles, som sier: "De delte mine klær mellom seg, og kastet lodd om min kjortel. Dette gjorde da stridsmennene." (Johannes'Evangeliet 19:23-24).

Hvorfor forklarer Guds ord i detaljer om Jesus' klesplagg og tunik? Israels historie siden 70 e.Kr. er dypt plantet i den spirituelle implikasjonen av denne begivenheten.

Å Bli Strippet og Korsfestet

I følge Matteus 27:22-26, etter forespørsel fra isralittene som ikke gjenkjente Jesus som Messias, var Han sendt til korsfestelse av Pontius Pilatus etter at Han hadde blitt hånet og foraktet på forskjellige måter.

Etter at Han hadde båret tornekroner og blitt hånet og foraktet, bar Han korset to Golgata hvor Han var korsfestet. Pilatus befalte soldatene å plasere en skriftlig anklage mot Han over Hans hode, som sa, *"DETTE ER JESUS JØDENES*

KONGE" (Matteus 27:37).

Anklagen var skrevet på hebraisk, latin og gresk. Hebraisk var det tradisjonelle språket til jødene, Guds valgte folk. Latin var det offisielle språk til det romerske kongedømme, den mektigste nasjonen på den tiden, og gresk var språket som dominerte verdens kulturen. Derfor, siden anklagen ble skrevet på disse tre språk symboliserer at hele verden anerkjenner Jesus som jødenes konge og som alle kongenes Konge.

Etter at de hadde lest anklagen, i Johannes 19:21-22, mange jøder protesterte til Pilatus om ikke å skrive, "Jødenes Konge" men istedenfor skrive, "Han sa at Han var Jødenes Konge." Men Pilatus svarte til dem, "Hva jeg har skrevet er skrevet," og lot det bli uforandret. Dette menes at til og med Pilatus anerkjente Jesus som jødenes konge.

Da Pilatus anerkjente Jesus som jødenes konge, er Han virkelig Guds eneste sønn, kongenes Konge, og herrenes Herre. Til tross for dette, ble Jesus strippet for alle klærne sine inkludert tuniken, foran mange mennesker og ble korsfestet på korset. På denne måten led Han en virkelig hjerteskjærende skam.

Vi lever i denne onde verdenen, og glemmer menneskenes hele forpliktelse. Og for å frelse oss fra all slags skam, stygge ting, ondskap, lovløshet, og umoral, Jesus, kongenes Konge fikk strippet Hans klær og tunik og led skam mens mange mennesker så på Han. Hvis du forstår den spirituelle meningen med dette, kan du ikke unngå å bli takknemlig.

Dele Jesus' Klær inn i Fire Deler

De romerske soldatene strippet Jesus bar og korsfestet Ham. De tok Hans klær og delte dem opp i fire deler, men de holdt lotto om Hans tunik.

Sunn fornuft dikterte at Hans klær ikke kunne ha vært veldig pene eller dyre. Hvorfor så delte soldatene klærne Hans i fire deler?

Visste de, i fremsynt visdom, at Jesus ville bli honorert som Messias og ville kanskje bare ha en liten del av Hans klær til å gi til deres slektninger som en verdifull familie skatt? Nei, det var ikke grunnen.

Salmenes bok 22:19 sier, *"De deler mine klær mellom seg og kaster lodd om min kjortel."* Gud tillot de romerske soldatene til å ta Hans klær og oppfylle dette verset (Johannes' Evangelium 19:24).

Så hva slags spirituelle implikasjoner holder så Jesus' klær? Hvorfor delte de klærne Hans inn i fire deler, en til hver av dem? Hvorfor delte de ikke Hans tunik? Hvorfor hadde Gud tillatt denne fortellingen til å bli skrevet på forhånd?

Siden Jesus er jødenes konge, Jesus' klær refererer til den israelske nasjonen eller de jødiske folkene. Ettersom de romerske soldatene delte klærne Hans i fire deler, mistet klærne deres form. Dette antyder at Israel som en nasjon vil bli ødelagt. Det antyder også at navnet Israel vil bli som de gjenstående klærne. Når alt kommer til alt ble ordene som ble skrevet om Hans klær spådd om at de jødiske folkene ville bli spredd ut i alle retninger som et resultat av deres nasjons ødeleggelse. Historien om Israel vitner til at denne spådommen har blitt fullført. Innen 40 år av Jesus' dødsdom på korset, en romersk general ved navnet Titus ødelagte Jerusalem. Guds tempel var helt ødelagt uten en ensete sten resterende på toppen av en annen. Siden den israelske nasjonen opphørte, jødene ble spredd overalt, forfulgt, og til og med slaktet. Dette forklarer hvorfor jødene har bodd overalt i verden til og med til dags dato.

Matteus 27:23 beskriver en grusom scene hvor Pilatus forteller den onde folkemengden at Jesus var usklyldig, men de ropte bare høyere om å korsfeste Jesus. På dette tidspunktet vasket Pilatus hans hender for å vise at Han ikke var ansvarlig for døden av den uskyldige Jesus, ved å si, *"Jeg er uskyldig i denne rettferdiges blod; se dere dertil."* (Matteus'Evangeliet 27:24) Alt folket svarte og sa: *"Hans blod kommer over oss og over våre barn!"* (Matteus' Evangeliet 27:25)

Et bemerkelsesverdig innslag er at Israels historie klart og tydelig viser at mange jøder og deres etterfølgere tapte blodet deres, som om de fullførte kommandoen til Pontius Pilatus. Innen førti år fra Jesus' død, så mange som 1.1 mollioner jøder var blitt slaktet. Videre, under den annen verdenskrig, det nasistiske Tyskland drepte omkring seks millioner jøder. Filmen "Schindler listen" viser tragiske scener hvor jødene, uten noen forskjell på mann eller kvinne, gamle eller unge, ble drept nakne. Til og med en forbryter får tillatelse med å ta på rene klær når han blir drept, men jødene ble strippet nakne når de ble drept.

Det jødiske folket hadde ikke anerkjent Jesus som Messias og hadde strippet Ham naken og korsfestet Ham. Når de ropte, "La Hans blod komme over oss og våres barn," grusom nød kom til folkene i Israel for lang tid fremover.

Jesus' Sømløse Tunik som var Vevd som en Del

Johannes' Evangeliet 19:23 beskriver Jesus' tunik: *"Men kjortelen var usydd, vevd fra øverst og helt igjennom."* Her, "usydd" i verset menes at tuniken ikke var sydd isammen av mange kles deler. De fleste mennesker tar ingen interesse i hvordan deres klesplagg er laget eller om deres klær er vevd fra topp til bunn eller fra bunn til topp. Så hvorfor beskriver Bibelen Jesus' tunik i detaljer?

Bibelen forteller at forfaderen til alle menneskene er Adam, troens forfader er Abraham, og Israel forfader er Jakob. Gud forteller oss at Israels forfader ikke er Abraham, men Jakob på grunn av de tolv folkestammene i Israel som kom fra Jakobs tolv sønner. Israels grunnlegger er Jakob fordi om troens forfader er Abraham.

Gud velsignet også Jakob i 1. Mosebok 35:10-11 på denne måten:

"Du heter Jakob; heretter skal du ikke mere hete Jakob, men Israel skal være ditt navn." Således fikk han navnet Israel. "Og Gud sa til ham: Jeg er Gud den Allmektige; vær fruktbar og bli tallrik! Et folk, ja en mengde med folkeslag skal stamme fra deg, og konger

KORSETS FORSYN _ 125

skal utgå av dine lender."

Ifølge Guds ord som ble skrevet om i disse versene, Jakobs tolv sønner formerte ryggraden til Israel og Israel ble et samlet land til det ble delt opp i Kong Rehoboams dager til Israel i nord og Judas i sør. Senere ble Israel i nord blandet med ikke-jøder, men Judah forble samlet. Idag er folkene i Judah kalt jøder. Det faktum at tuniken til Jesus var usydd, og vevd fra topp til bunn i en del, menes at nasjonen Israel beholdt seg samlet og sin identitet som etterkommere av Jakob helt til dags dato.

Kaste Lodd for Jesus' Tunik Uten å Rive den Istykker

Her forteller tuniken om folkets hjerte. Siden Jesus er Israels konge, Hans tunik antyder det jødiske folkets hjerte.

Isralittene, som er Guds mennesker og som er valgt gjennom troens forfader Abraham, har tilbedet Gud over alle ting. Det faktum at de ikke delte tuniken antyder at ånden til de jødiske folkene i Israel som tilbedet Gud har blitt bevart uten å bli revet i stykker selv om nasjonen eller selve styret i Israel ble til tider ødelagt.

Fakta er at Bibelen spådde at hedningene ikke kunne utrydde isralittenes ånd som var blivnde i deres hjerter. Med andre ord, deres hjerter mot Gud hadde blitt trofast opprettholdt, til og med hvis nasjonen Israel hadde blitt ødelagt av hedningene. Siden de hadde slikt et uforanderlig hjerte, valgte Gud isralittene som sitt eget folk og har brukt dem til å skape Hans eget kongedømme og rettferdighet.

Til og med idag, isralittene prøver å opprettholde loven med et uforanderlig hjerte. Dette er på grunn av at de er etterkommere av Jakob som selv hadde et uforanderlig hjerte. Isralittene sjokkerte hele verden ved å få deres frihetsdag 14.mai, 1948, lang tid etter at de hadde mistet landet deres. Etter det, har de utviklet seg raskt som en av de avanserte og innflytelsesrike landene, og de har vist deres nasjonal kraft og fremstående egenskaper igjen.

Ettersom romerske soldater ikke kunne dele Jesus' undertøy, som var usydd, vevd som en del fra topp til tå, hedningene kan ikke ødelegge isralittenes ånd ved å tilbe Gud. Når alt kommer til alt skapte isralittene som etterfølgere av Jakob et selvstendig land og fullførte Guds vilje som Hans valgte folk.

Israel ved Tidens Slutt Som Fortalt i Bibelen

Som Gud fortalte Israels historie i Bibelen gjennom Jesus' klær og undertøy, gav Han oss også et hint om verdens siste dager.

Esekiel 38:8-9 sier:

Når lang tid er gått, kommer turen til deg; ved årenes ende skal du komme til et land som er utfridd fra sverdet, og hvis folk er samlet fra mange folkeslag, opp på Israels fjell, som stadig hadde ligget øde; men nu er det ført ut fra folkene, og de bor der trygt alle sammen.

"Dit skal du dra opp; som en storm skal du komme, som en sky skal du være til å skjule landet, du og alle dine skarer og mange folkeslag med deg."

"Etter mange dager" i versene er tidsperioden fra Jesus' fødsel til Hans andre tilbakekomst, og "ved årenes ende" refererer til de siste årene før Jesus' andre tilbakekomst. "Israels fjeller" indikerer Jerusalem, som er i høylandsområde omkring 760 meter over havflaten. Derfor ordet om at i fremtiden mange mennesker vil komme sammen fra mange land forutsier at isralittene vil komme tilbake til deres land fra alle verdens deler når Jesuss tilbakekomst nærmer seg.

Denne forutsigelsen ble til virkelighet når Israel var ødelagt av det romerske kongerike i 70 e.Kr., og fikk deres frihet i 1948. Israel hadde blitt ødelagt til det ble fritt, men det vokste til å bli en av de største industriland i verden.

Det Nye Testamentet også spådde friheten til Israel. Jesus i Matteus 24:32-34 forteller oss følgende:

Lær en lignelse av fikentreet: så snart det kommer i dets grener, og dets blader springer ut, da vet dere at sommeren er nær; Således skal også dere, når dere ser alt dette, vite at Han er nær for døren. Sannelig sier jeg dere: denne slekt skal ingenlunde foregå før alt dette skjer.

Dette var Jesus' svar til Hans disipler som hadde spurt Ham for signal om Hans annen tilbakekomst til verdens ende.

Fikentreet i versene refererer til Israel. Når bladene på treet faller og den kalde vinden blåser, vet du at vinteren nærmer seg. Akkurat som du vet at når kvistene på fiken treet blir myke og deres blader kommer ut, vet du at sommeren er nær. Med denne lignelse, forklarte Jesus at når Israel er gjenopprettet etter lang tid med ødeleggelse, det menes, når folkene i Israel får deres frihet, vil Jesus' andre tilbakekomst være veldig nærme.

Du vet ikke hvor lenge "denne generasjonen" som Jesus prater om i dette verset er, men du vet med sikkerhet at hva Han har sagt vil bli oppfylt. Du har allerede sett israels frihet, så det er veldig lett å se at Jesus andre tilbakekomst er nærme.

Tegn På Slutten av Generasjonen

I Matteus 24, når Hans disipler spurte om tegnet på verdens ende, Jesus forklarte til dem i detaljer. Men Han fortalte dem ikke om den nøyaktige time og dag, *"Men hin dag og time vet ingen, ikke engang himmelens engler, men alene min Fader"* (Matteus 24:36).

Dette menes bare at Han som er Menneskenes Sønn som kom selv til denne verden ikke visste den nøyaktige time på dagen. Dette menes kke at Jesus som en av trefoldighetene ikke visste om det etter Hans korsfestelse, oppstandelse, og oppstigelse til himmelen.

Jesus advarte deg da Han fortalte om mange ting om tegnene ved verdens ende, *"Fordi urettferdigheten tar overhånd, skal kjærligheten bli kald hos de fleste. Men den som holder ut inntill sutten, han skal bli frelst"* (Matteus 24:12-13).

Idag kan du føle sterkt at ondskapen øker og at kjærligheten blir kaldere. Du kan nesten ikke finne hjertevarme lenger. Jesus sa i Matteus 24:14, *"Og dette evangelium om riket skal forkynnes over hele jordrike til et vitnesbyrd for alle folkeslag, og da skal enden komme."* Evangeliumet har allerede blitt forkynt til alle verdens deler.

Vi bor også i en "global landsby" hvor alle hjørnene av kloden er tilgjengelige enten via transport eller kommunikasjon. Dette fenomenet var også fortalt i Daniel 12:4: *"Og du, Daniel, gjem disse ord og forsegl boken inntil endens tid! Mange skal granske den, og kunnskapen skal bli stor."* Forkynnelsen har blitt spredd hurtig gjennom hele verden i denne omgivelsen.

Det er sant at til og med hvis det har blitt holdt preken om forkynnelsen til hele verden, kan det være noen mennesker som ikke aksepterer Jesus på grunn av at de ikke åpner deres hjerter, eller at det kanskje er noen avsidesliggende steder hvor forkynnelsen ikke har nådd.

Alle forutsigelsene i det Gamle Testamentet har alle blitt oppfylt og de fleste forutsigelsene i det Nye Testamentet har nesten blitt oppfylt også. Hele skriften er inspirert gjennom den Hellige Ånd. Derfor er Guds ord riktig og inneholder ingen feil. Det minste brevet eller den minste pensilstreken kan ikke forandre Ordet. Gud har oppfylt Hans ord og ønsker, og bare et par ting er fremdeles ikke fullført, inkludert den andre tilbakekomst av vår Herre Jesus Kristus, Syv År med Sterk motgang, det Nye Millennium, og den Store Dommen til Den Hvite Skaren.

Spikret Gjennom Hans Hender og Føtter

Korsfestelse var en av de mest grufulle metoder vedrørende henrettelse for mordere eller forrædere. Ens arm ble strukket ut på et tre kors. Personen ble spikret gjennom begge hendene og føttene. Han ble hengt på korset for lang tid til han døde. Sånn led Han av forferdelige smerter til Hans siste åndedrag. Jesus Guds Sønn gjorde bare gode ting og hadde ingen skjemninger eller handikap i denne verdenen. Så hvorfor var Jesus spikret gjennom begge hendene og føttene mens Hans blod randt nedover korset?

Smerter ved å Bli Spikret gjennom Hendene og Føttene

Jesus var straffet til døden på et kors og kom til stedet ved henrettelsen, Golgotha. En romersk soldat holdt en stor jern spiker og den andre holdt en hammer begynte å spikre Hans hender og føtter på kommando av en centurion. Så satte de opp korset. Kan du tenke deg hvor smertefult dette ha måttet være?

Den uskyldige Jesus hadde lidd fra smerter når de store spikrene var hamret inn i Han kropp og når Hans kropp ble dratt ned av Hans vekt og de spikrede kroppsdelene revnet.

Når noen ble halshugget, smertene stoppet momentant. Å dø på korset var derfor mye mere smertefult på grunn av en ble hengt, blødde og led av dehydrering og utmattelse til tiden kom og Han døde.

På en varm solskinsdag i ørkenen, alle slags insekter og

parasitter fløy over hele Hans opprevne kropp for å suge opp blodet som rant ned fra Hans sår på de spikrede hendene og føttene. På toppen av dette, ondskapsfulle mennesker pekte fingrene på Ham, gjorde narr av Ham, skjelte Han ut, og dynget Han med hån. Noen folk til og med foraktet Ham, ved å si, *"Du som bryter ned tempelet og bygger det opp igjen på tre dager, frels deg selv! Er du Guds sønn, da stig ned av korset!"* (Matteus 27:40). Uutholdelig smerte fulgte med Jesus under Hans korsfestelse. Men Jesus visste veldig godt at ved at Han bærte syndene og forbannelsene på korset ble veien åpnet for å frelse menneskene fra deres synder og gjøre dem til Guds barn. Hans virkelige smerter kom istedet fra andre steder. Det var fremdeles noen mennesker som ikke kjente til Guds forsyn eller som ikke mottok frelse for deres ondskap. Dette brakte Ham større smerte.

Synder Begått Med Hender og Føtter

Så fort en syndig tanke er formulert i hjerte, hjerte anbefaler hendene og føttene til å begå synder. Siden det er en spirituell lov som sier at synders lønn er døden, når du begår synder, du vil falle inn i helvete og lide der for alltid.

Det er derfor at Jesus sier, *"Og om din fot frister deg, da hugg den av! Det er bedre at du går halt inn til livet enn at du har dine to føtter og kastes i helvete, [hvor deres orm ikke dør, og ilden ikke slukkes.] Og om ditt øye frister deg, da riv det ut! Det er bedre at du går enøyet inn i Guds rike enn at du har to øyne og kastes i helvete"* (Markus 9:45-47).

Hvor mange ganger har du begått synder med dine hender og føtter siden du ble født? Noen slår andre mennesker i sinn. Noen stjeler og fremdeles noen andre mister deres formue gjennom gambling. Mennesker blir voldsomme med føttene og de går hvor de ikke skulle gå. Derfor, hvis dine føtter er årsaken til at du synder, er det bedre at du kutter dem av og går inn i himmelen enn å bli kastet inn i helvete med to føtter.

Og hvor mange synder har du begått med dine øyne? Grådighet og utroskap opptar deg når du ser noe som du ikke skulle se med dine øyne. Derfor sier Jesus at hvis dine øyne gjorde at du syndet, det ville være bedre å skjære dem ut så du kan gå inn i himmelen enn å bli kastet inn i helvete etter at du har begått synd med dem.

Under det Gamle Testamentets tider, hvis en begikk synd med hans øyne, hans øyne ble plukket ut, hvis en begikk synd med hans hender eller føtter, hans hender eller føtter ble skjært av; hvis en begikk mord eller utroskap, ville han bli kastet sten på til han døde (3. Mosebok 19:19-21).

Uten Jesus Kristus lidelse på korset, Guds barn skulle til og med i dag skjære av deres hender eller føtter hvis de begår synder med deres hender eller føtter. Men Jesus tok allikevel korset, var spikret gjennom Hans hender og føtter og mistet alt sitt blod. Ved å gjøre dette vasket Han vekk alle syndene begått med dine hender og føtter og du trenger ikke å lide mere eller betale for dine synder. Hvor sterk er ikke Hans kjærlighet!

Du skal tenke på at Han renvasker deg fra alle synder hvis du spaserer i lyset når Han er i lyset, og hvis du tilstår dine synder og vender deg til Ham (Johannes' Første Brev 1:7).

Det er derfor veldig viktig at du fyller ditt hjerte med sannhet for å kunne leve et seirende liv med et takknemlig og elskverdig hjerte som alltid er fokusert på Gud.

Jesus' Ben Var Ikke Brukket, men Hans Side Var Gjennomboret

Dagen Jesus døde var en fredag, dagen før helligdagen. På den tiden ble lørdag holdt som helligdag, og jødene ville ikke at kroppene skulle henge på korset under helligdagen.

Derfor som du leser i Johannes' 19:31, jødene spurte Pontius Pilatus om å ha bena brukket og at kroppene skulle bli tatt ned.

Med Pontius Pilatus' tillatelse, soldatene brakk begge bena til røveren som hadde blitt korsfestet på begge sider av Jesus, men de brakk ikke Jesus' ben på grunn av at Han allerede var død. På den tiden, de som var korsfestet var ansett som forbannet og det var derfor soldatene brakk deres ben. Det er derfor et guddommelig forsyn i det faktum at de ikke brakk Jesus' ben.

Hvorfor Ble Jesus' Ben Ikke Brukket?

Jesus som ikke hadde noen synder, var forbannet og hengt på korset for å frelse alle menneskene fra lovens forbannelse. Satan kunne ikke brekke Hans ben fordi Jesus døde ikke på grunn av Hans synder, men på grunn av Guds forsyn.

Dessuten beskyttet Gud Jesus fra å ha Hans ben brukne for å

oppfylle ordene i Salmenes bok 34:21, som sier, *"Han tar på alle Hans ben, ikke ett av dem er sønderknust."* I 4. Mosebok 9:12, forteller Gud isralittene ikke å brekke noen lamme ben når de spiser det. Han sier også i Annen Mosebok 12:46 at isralittene kan spise maten av lammet, men de skal ikke brekke noen av benene.

"Lammet" refererer til Jesus som var skinnende ren og uskyldig, men allikevel offret seg selv som et offer som ville gjøre bot for menneskene og deres synder utifra Hans kjærlighet overfor oss. I henhold til skriftene i den 2. Mosebok 12:46, som sier, *"I et hus skal det etes; du skal ikke lage noe av kjøttet komme utenfor huset, og dere skal ikke bryte noen ben på det,"* ingen av Jesus' ben ble brukket.

Hans Side Ble Boret Hull i Med Et Spyd

Johannes 19:32-34 beskrev ytterligere en annet redselsfull scene:

> *Stridsmennene kom da og brøt benene på den første og på den andre som var korsfestet sammen med Ham; men da de kom til Jesus og så at Han allerede var død, brøt de ikke Hans ben. Men en av stridsmennene stakk Ham i siden med et spyd, og straks kom det ut blod og vann.*

Selv om soldaten allerede viste at Gud var død, hvorfor boret han fremdeles hull i Jesus' side med et spyd, som brakte en plutselig strøm av blod og vann? Dette illustrerer menneskenes ondskap.

Fordi om Han var Gud, Jesus befalte ikke eller klynget ikke til Hans rettigheter som Gud. I stedenfor gjorde Han seg til ingenting; Han tok den ydmykede stilling som slave og kom i form som et menneske. Han ydmykte seg selv til og med mere lydig ved å dø som en kriminell på korset. På denne måten, åpnet Jesus døren til frelse for deg (Paulus' Brev til Filipperne 2:6-8). I løpet av Hans liv i denne verden, ga Jesus fangene frihet, ga de fattige rikdom, og hjalp de syke og de svake. Han hadde ikke nok tid til å spise og sove etter som Han gjorde sitt beste for å forkynne Guds ord for å frelse så mange sjeler som Han kunne. Han dro til en ås for å be når Hans disipler sov. Mange jøder forfulgte Ham med forakt fordi om Han bare gjorde gode ting. På slutten korsfestet de Ham på korset på grunn av deres ondsinnethet. Videre, selv om de visste at Han var død, en romersk soldat boret Ham med et spyd. Dette forteller oss at mennesker toppet ondskap med mer ondskap.

Gud viste deg Hans sterke kjærlighet ved å sende Hans eneste Sønn Jesus Kristus, og ha Ham korsfestet på et kors for å frelse deg fra alle dine synder, uansett menneskenes ondskap.

Tape Blodet og Vannet far Hans Side

Som det allerede er nevt, en romersk soldat boret hull i Jesus' side med et spyd i hans ondsinnethet, uansett hans kunnskap om at Jesus allered var død. Når soldaten boret hull i Hans side, blod og vann rant ut fra Jesus' kropp. Det er tre meninger i denne episoden.

Først viser det deg at Jesus selv kom til jorden som Sønnen av Menneskene. Johannes 1:14 sier, *"Og ordet ble kjøtt og tok bolig iblant oss, og vi så Hans herlighet, en herlighet som den en enbåren sønn har fra sin far, full av nåde og sannhet."* Gud kom til denne verden som et menneske og Han var Jesus.

Syndere kan ikke se Gud på grunn av at de forderves ved å se Ham. Derfor kan ikke Gud vise seg direkte foran dem og det er derfor Jesus kommer til denne verden som menneske og viser oss mange bevis på at vi skal tro på Gud.

Bibelen forteller oss at Jesus var en mann akkurat som deg. Markus 3:20 sier, *"Og de kom hjem, og folket kom atter sammen, så de ikke engang kunne få seg mat."* Matteus 8:24 forteller oss, *"Og se, det ble en stor storm på sjøen, så at båten skjultes av bølgene; men Han sov."*

Noen mennesker lurer kanskje på hvordan Jesus Guds Sønn kunne bli sulten eller ha smerter. Men siden Jesus var som et menneske laget av ben og muskler, måtte Han spise og sove. Han led også av smerter akkurat som vi gjorde.

Det faktum at blod og vann randt fra Hans kropp når Han ble stukket med en spyd, gir deg et overbevisende bevis på at Jesus kom til denne verden som menneske, fordi om Han er Guds Sønn.

Andre, det er et annet bevis om at du også kan være et gudommelige vesen fordi om du har en menneske kropp. Gud vil at Hans barn skal være hellige og perfekte akkurat som Ham.

Så Han sier, *"Dere skal være hellige, for jeg er hellig"* (Peters' Første Brev 1:16), og *"Derfor skal dere være fullkomne, likesom eders himmelske fader er fullkommen"* (Matteus' Evangeliet 5:48). Han oppmuntrer deg også med å si, *"Og derved har gitt oss de største og dyreste løfter, for at der ved dem skulle få del i gudommelig natur, idet dere flyr bort fra fordervelsen i verden, som kommer av lysten"* (Peters Annet Brev 1:4), og *"La dette sinn være i eder, som og var i Kristus Jesus"* (Paulus' Brev til Filippenserne 2:5).

Jesus kom til denne verden som menneske og ble en tjener etter Guds vilje, og fullførte hele Hans plikt. Han oppfyllte også loven med kjærlighet, ved å overvinne alle prøvene og problemene, og leve etter Guds ord.

Selv om Han var en mann lik deg, aksepterte Han gjerne alle smertene, fulgte Guds vilje med utholdenhet og selvbeherskelse, og offret seg selv for kjærligheten, til å dø på et kors uten noen som helst motstand eller beklagelser.

Hvordan kan vi så delta med gudommelige karakter og med Jesus Kristus hjerte?

Du må korsfeste din syndige karakter, som inneholder lidenskap og begjær, ha spirituell kjærlighet og be alvorlig om å få delta i den gudommelige karakter ved å ha den samme holdning som Jesus.

På den ene side er menneskelig kjærlighet selv søkende, og denne kjærligheten blir kaldere ettersom tiden går. Mennesker med denne slags kjærlighet svikter hverandre fra smerter når de ikke er i overenstemmelse.

På den annen side vil Gud at du skal ha den kjærligheten som er tålmodig, snill og ikke selvopptatt. Derfor er det den spirituelle kjærligheten som aldri forandrer seg og som blomstrer mer og mer hver dag. Du kan ha Jesus' stilling så lenge du har den spirituelle kjærlighet og så lenge du kaster vekk all slags synd gjennom alvorlige bønner.

Akkurat som alle kan motta Guds ære og makt hvis han søker etter Hans hjelp ved å faste og holde alvorlig bønn. Gud arbeider også for ham for å bli kvitt all slags ondskap. Du vil skinne som solen i det himmelske kongerike hvis du har spirituell kjærlighet, produserer den Hellige Ånds ni frukter (Galaterbrevet 5) og mottar alle severdighetene (Matteus 5).

Tredje, ved at Jesus tapte blod og vann er det mektig nok til å lede deg til et sant og evig liv.

Blodet og vannet fra Jesus var rent og uskyldig siden Han ikke hadde noen opprinnelig synd og ikke hadde begått noen synd. Spirituelt var det dette blodet og vannet som kunne bli gjenopplivet. Fordi Han tapte sitt hellige blod, dine synder er gjort rene og du kan nå beholde sant liv som viser veien til frelse, oppståelse fra de døde, og evig liv.

Vannet som rant fra Jesus' kropp, symboliserer det evigvarende vannet, Guds ord. Du kan bli fyllt med sannhet og bli Guds sanne barn til den grad hvor du forstår Hans ord og kaster bort dine synder ved å leve etter det.

Jesus, uten merker eller blemmer, ga opp alle ting for å gi deg et sant liv til den grad hvor Han tapte alt blodet og vannet, fordi om du ikke var noe bedre enn dyr.

Jeg håper at du forstår at du er frelst uten å ha måttet gjøre noe og kaster bort synder ved å be med en alvorlig tro slik at du kan leve et fruktbart liv i Jesus Kristus.

7. Kapittel

Jesus' Syv Siste Ord På Korset

- Fader, Tilgi Dem
- Idag Skal Du Være Med Meg
  Til Paradiset
- Kvinne, Se, Din Sønn; Se, Din Mor
- *Eloi, Eloi, Lama Sabaktani?*
- Jeg Er Tørst
- Det Er Fullbrakt
- Fader, Jeg overgir min Ånd
  I Dine Hender

Men Jesus sa: "Fader, forlat dem! For de vet ikke hva de gjør" (v. 34).

...Men den andre svarte og irettesatte ham og sa: "Frykter du ikke engang for Gud, du som dog er under samme dom? Og vi med rette; for vi får igjen hva våre gjerninger har forskyldt; men denne har ikke gjort noe galt." Og han sa: "Jesus! Kom meg i hu når du kommer i ditt rike!" Og han sa til ham: "Sannelig sier jeg deg: Idag skal du være med meg i Paradis." Og det var omkring den sjette time, da ble det mørke over hele landet like til den niende time, og solen ble formørket, og forhenget i tempelet revnet midtefter. Og Jesus ropte med høy røst og sa: Fader! "i dine hender overgir jeg min ånd! Og da han hadde sagt dette, utåndet Han" (v. 40-46).

Lukas 23:34, 40-46

De fleste mennesker ser tilbake på deres liv når døden nærmer seg. De gir deres siste ord til deres familie medlemmer og venner. På samme måte ble Jesus et menneske og kom til denne verden i Guds forsyn, og bekjentgjorde de syv ordene på korset da Han pustet sitt siste åndedrag. Disse er kalt "Jesus' Syv Siste Ord På Korset." La oss undersøke de spirituelle meningene med Jesus' syv siste ord på korset.

Fader, Tilgi Dem

Forfatteren av Paulus' brev til filipperne beskriver Jesus slik. Jesus:

La dette sinn være i eder, som og var i Kristus Jesus, han som, da Han var i Guds skikkelse, ikke aktet det for et rov å være Gud lik, men av seg selv ga avkall på det og tok en tjeners skikkelse på seg, idet Han kom i menneskers lignelse. Og da Han i sin ferd var funnet som et menneske, fornedret Han seg selv, så Han ble lydig inntil døden, ja korsets død (Paulus' Brev til Filippenserne 2:5-8).

Jesus var korsfestet på korset for å demonstrere Hans kjærlighet og lydighet til Gud slik at Han kunne åpne veien til frelse for syndere. Folkene som sto ved korset hånte Jesus sammen med lederne, *"Andre har Han frelst, la ham nu frelse seg selv dersom Han er Guds Messias, den utvalgte"* (Lukas 23:35).

Soldatene hånte Ham også og ofret Ham sur vin, og sa, *"Hvis du er jødenes Konge, frels deg selv!"* (v. 37). En av forbryterne som hang der slengte skjellsord til Ham, og sa, *"Er ikke du Kristus? Frels deg selv og oss!"* (v. 39).

Og da de var kommet til det sted som kalles Hodeskallen, korsfestet de der både Ham og ugjerningmennene, den ene på Hans høyre og den andre på Hans venstre side. Men Jesus sa: "Fader, forlat dem! For de vet ikke hva de gjør." Og de delte Hans klær mellom seg og kastet lodd om dem (Lukas 23:33-34).

Jesus ba til Gud om deres tilgivelse, "Fader, tilgi dem; for de vet ikke hva de gjør," mens Han tok sitt siste åndedrag. Jesus anmodet Hans Far om å gi nåde og tilgivelse til menneskene som ikke visste at Jesus Guds Sønn ble korsfestet til å tilgi deres synder. Kanskje visste de ikke engang at deres handlinger var synd. Dette er Hans første ord ifra korset.

Jesus Ba Med Kjærlighet for De Mennesker Som Korsfestet Ham

Jesus, Guds Sønn, ba for de som korsfestet ham selv om Han hverken hadde noen feil eller skammer. Hvor dyp og stor Hans kjørlighet er! Jesus kunne ganske lett ha kommet ned fra korset for å unngå Hans korsfestelse siden Han er ene med Gud den Allmektige og er bemyndiget av Gud Faderen. Men Han ble korsfestet for å oppfylle planen om frelse i samsvar med Guds vilje. Derfor kunne Han tåle alle lidelsene og skammen, be for dem i desperat kjærlighet og spørre om deres tilgivelse.

Jesus ba alvorlig, "Fader, tilgi dem; for de vet ikke hva de gjør." Her refererer de ikke bare til de som har korsfestet og hånt Ham, men inkluderer også alle menneskene som ikke mottar Jesus Kristus og fortsetter å leve i mørket. Akkurat som mennesker som korsfestet Jesus, Guds Sønn, mange mennesker synder på grunn av at de ikke kjenner Jesus Kristus og sannheten.

Din fiende djevelen hører til mørket og hater lyset så han korsfestet Jesus som var det virkelige lyset. Idag kontrollerer djevelen mennesker som tilhører mørket og forårsaker dem til å forfølge de som spaserer i lyset.

Hvordan kan du reagere til forfølgere som ikke kjenner til sannheten?

Jesus lærer deg om hva Guds vilje er og hvordan en kristens holdning skal være gjennom de første ordene fra korset. I Matteus 5:44, står det, *"Men jeg sier eder: Elsk eders fiender, velsign dem som forbanner eder."* Så vi må være istand til å be for alle de som forfølger oss, ved å si, "Fader, tilgi dem. De vet ikke hva de gjør. Velsign dem slik at de også kan motta Herren og vi kan møtes igjen i himmelen."

Idag Skal Du Være Med Meg Til Paradiset

To forbrytere var også korsfestet når Jesus ble hengt på korset som stod høyt på Golgotha, "plassen som kalles Hodeskallen" (Lukas' Evangeliet 23:33).

En av forbryterne kastet hån mot Ham, men den andre skarpt irettesatte den første forbryteren, angret, og aksepterte Jesus som sin personlige Frelser. Da lovte Jesus at Han ville komme til Paradiset med ham. Dette er Jesus' andre ord på korset.

En av ugjerningsmennene som hang der, spottet ham og sa: "Er ikke du Messias? Frels deg selv og oss!" Men den andre svarte og irettesatte ham og sa: "Frykter du ikke engang for Gud, du som dog er under samme dom? Og vi med rette; for vi får igjen hva våre gjerninger har forskyldt; men denne har ikke gjort noe galt." Og han sa: "Jesus! Kom meg i hu når du kommer i ditt rike!" Og Han sa til ham: "Sannelig sier jeg deg: Idag skal du være med meg i Paradis" (Lukas 23:39-43).

Jesus kunngjorde at Han var Messias som kunne tilgi syndere når de angret seg og frelse dem gjennom Hans andre ord på korset.

Når du leser om de Fire Evangelier, de to forbryteres svar er skrevet på forskjellige måter. I Matteus 27:44, står det, *"Forbryterne som hadde blitt korsfestet med Ham også hånte Ham med de samme ordene."* I Markus 15:32, sies det, *"'La nu Messias, Israels konge, stige ned av korset, så vi kan se det og tro!' Også de som var korsfestet sammen med Ham hånte Ham."* Fra disse to evangeliene, leser du at begge forbryterne slengte hån på Jesus.

Men i Lukas 23, leser du at en forbryter irettesatte den andre og angret på hans synder, aksepterte Jesus Kristus og ble frelset. Dette var ikke på grunn av at evangeliene ikke er i samsvar med hverandre. Men istedenfor, i Hans forsyn, Gud tillot forfatterene å skrive på forskjellige måter. I Bibelen, Guds forsyn og historiske innslag er forkortet. Hvis alt skulle blitt skrevet i detaljer, tusen Bibler ville ikke være nok.

Idag, hvis du opptar noe med et videokamera, kan du se på det senere, men i Jesus' tid, var det ikke noe slikt utstyr så de kunne ikke ta et eneste foto fordi om disse begivenhetene var veldig viktige. De kunne bare skrive om disse begivenhetene. Selv om det bare er en liten forskjell, kan du erfare og gjenoppleve en spesiell situasjon mere virkelig.

For Bedre Forståelse av Jesus' Korsfestelse

Når Jesus kunngjorde evangeliet, store mengder fulgte Ham. Noen ville høre på Hans budskap, noen ville se mirakler og tegn fra himmelen, andre ville ha mat, og fremdeles andre solgte deres eiendommer for å tjene og følge Jesus.

I Lukas 9, takker Jesus for fem loffer med brød og to fisker. Antall mennesker som spiste var omkring fem tusen mennesker (Lukas 9:12-17). Kan du forestille deg hvor mange flere mennesker, inkludert de som elsket eller hatet Jesus og andre i mengden som måtte ha møtt opp til Hans korsfestelse. Folkemassen omringet korset så soldatene måtte blokkere dem med spyd og skjold. Tenk på menneskene som ropte til Jesus rundt omkring korset. Menneskemengden hånte Ham. Til og med en av de to forbryterne som hang på den ene siden av Jesus hånte Ham.

Hvem kunne ha hørt hva den første forbryteren sa? Det var ganske sikkert veldig bråkete, så bare de menneskene som sto nærme nok til Jesus kunne høre Hans ord. Den andre forbryteren sa noe til Jesus med en ondskapsfull ansiktsutrykk. Denne forbryteren irettesatte faktisk den forbryteren som hadde hånet Jesus. Men de som var langt på den andre siden kan veldig lett ha trodd at denne angrende forbryteren også hånte Jesus.

På den ene siden, i de bråkete vilkårene, hver forfatter av evangeliet om Matteus og Markus som ikke hadde hørt den angrende forbryteren trodde klart at også han hånte Jesus. Så de skrev at begge forbryterne hånte Jesus.

På den annen side, forfatteren av Lukas evangeliet hørte klart og tydelig, så han visste at en av de to forbryterne ikke hånte men angret. Forskjellige forfattere var på forskjellige steder og skrev forskjellig.

Gud, som vet alt, tillot dem å skrive på forskjellige måter slik at senere generasjoner kunne skjelne mellom en spesiell situasjon klart og tydelig.

Himmelsk Plass for den Angrende Forbryter

Jesus lovet forbryteren som angret på korset før døden, "Du skal komme med meg til Paradiset." Det har en spirituell mening. Himmelen, Guds kongerike, er veldig enorm utenfor din fantasi. Til og med Jesus fortalte oss i Johannes' Evangeliet 14:2, *"I min Faders hus er det mange rom; var det ikke så, da hadde jeg sagt eder det; for jeg går bort for å berede eder sted."* Salmedikteren presser oss til å *"Lov ham, I himmelens himler og i vann som er ovenover himlene!"* (Salmenes Bok 148:4). Nehemias' bok 9:6 lovpriser Gud som skapte himlene, til og med de høyeste himlene. Paulus' Andre Brev til Korintierne 12:2 snakker om *"jeg kjenner et mennske i Kristus - om han var i legemet, vet jeg ikke, eller utenfor legemet, vet jeg ikke; Gud vet det - Gud vet det - en som for fjorten år siden ble rykket like inn i den tredje himmelen."* I Johannes' Åpenbaring 21:2, står det at i den Nye Jerusalem ligger Guds trone.

Akkurat som det er mange bosteder i himmelen. Men du er ikke tillatt å bo på hvilket som helst sted. Rettferdighetens Gud belønner hver av dere ifølge hva du har gjort på denne jorden: Hvor mye du etterligner din Herre og arbeider for Guds kongerike og hvor mye du lagrer opp for å ha i himmelen, o.s.v. (Matteus 11:12; Johannes' Åpenbaring 22:12).

Johannes Evangeliet 3:6 sier, *"Det som er født av kjødet, er kjød, og det som er født av Ånden, er ånd."* Avhengig av i hvilken grad en kaster bort alle mennskelige ting og blir en spirituell person, bosteder i himmelen vil bli delt opp i grupper av det samme spirituelle nivå.

Selvfølgelig er alle stedene i himmelen veldig vakre på grunn av at Gud styrer det. Men det er allikevel forskjell innenfor himmelen. For eksempel, livsstil, hobbier, levestandard, og liknende i storbyen er veldig forskjellig fra de på landet. På samme måte, den hellige by, Ny Jerusalem, er det mest strålende stedet i himmelen hvor Guds trone er oppbevart og hvor barn som likner Ham mest vil bo.

Men Paradiset er stedet hvor de angrende forbryterne som i siste minutt før deres død på korset lever og er plassert på utsiden av himmelen. Mange andre som mottar skamful frelse vil også bo der. Disse menneskene mottok Jesus Kristus, men kom ikke fremover for å bli forandret spirituelt.

Hvorfor kom den angrende forbryter inn i Paradiset?

Han tilsto at han var en synder i hans gode hjerte, og mottok Jesus som hans Frelser. Men han ble ikke kvitt sine synder, levde ikke etter Guds ord, og forkynnet ikke evangeliet til andre. Han arbeidet ikke for Herren. Han gjorde ingenting for å få himmelsk premie. Det er derfor han kom inn i Paradiset, det laveste stedet i himmelen.

Jesus' Nedgang til den Øverste Graven

Selv om Jesus lovte forbryteren, "idag skal du komme med meg til Paradiset," menes det ikke at Jesus lever bare i Paradiset i himmelen. Jesus, kongenes Konge og herrenes Herre, styrer og bor med Guds barn i hele himmelen, inkludert Paradiset og Ny Jerusalem. På denne måten bor Han i Paradiset like som han bor i andre steder i himmelen.

Når Jesus fortalte den frelsede forbryteren "Idag skal du komme med meg i Paradiset," "idag" refererer ikke til den spesielle dagen hvor Jesus døde på korset og noen annen spesiell dag. Jesus sa at Han ville bli hos den angrende forbryteren hvorenn forbryteren var fra det øyeblikket hvor han ble Guds barn. Når du refererer til Bibelen, gikk ikke Jesus til Paradiset etter Hans død. I Matteus 12:40, forteller Jesus noen av de fariseerne at *"For likesom Jonas var tre dager og tre netter i fiskens buk, således skal Menneskesønnen være tre dager og tre netter i jordens skjød."* Paulus Brev til Efeserne 4:9 sier, *"Men dette: Han for opp, hva er det uten at han først for ned til jordens lavere deler?"*

I tillegg, Peters Første Brev 3:18-19 sier, *"For også Kristus led en gang for synder, en rettferdig for urettferdige, for å føre oss frem til Gud, Han som led døden i kjødet, men ble levendegjort i ånden, og i denne gikk han og bort og preket for åndene som var i varetekt."* Jesus gikk til den Øvre graven og holdt preken om evangeliet til ånden før Han oppsto den tredje dagen. Hvorfor var dette nødvendig?

Før Jesus kom til denne verden, mange mennesker under det Gamle Testamentets tider og folk til og med i det Nye Testamentets tider hadde ingen sjanser for å høre evangeliet, men de levde i godhet og aksepterte Gud. Mentes dette at de alle dro til helvete bare på grunn av at de ikke kjente hvem Jesus var?

Gud sendte sin eneste Sønn til denne verdenen og alle de som mottar Ham vil bli frelset. Gud ville ikke ha startet menneskelig kultivasjon bare for de som mottok Jesus Kristus etter Hans korsfestelse. De som ikke fikk noen sjanse til å høre evangeliet, men levde med god samvittighet vil bli dømt i forhold til deres samvittighet.

På den annen side, de mennesker som har godt hjerte kommer sammen slik i den "Øverste Graven." På den annen side, "Hades" er hvor de onde sjelene skal bo til dommedagen. Etter Hans korsfestelse dro Jesus til den Øverste Graven og holdt preken om evangeliet til ånden som ikke kjente til evangeliet, men som levde med god samvittighet og var vært å frelse.

Det er ikke noe annet navn under himmelen enn Jesus Kristus som er gitt til menn som kan frelse dem. Derfor dro Jesus og holdt preken om seg selv til ånden slik at de kunne motta Ham og bli frelset.

Bibelen sier at åndene som er frelset før Jesus korsfestelse er ført til Abrahams side (Lukas 16:22), men er ført til Jesus' side etter Hans korsfestelse.

Frelse Ifølge Samvittighetens Bedømmelse

Før Jesus kom til denne verden for å spre evangeliet, gode mennesker hadde levd ved å leve etter rettferdigheten i deres hjerter. Dette er samvittighets loven. Gode mennesker var ikke onde selv om de hadde problemer og møtte vanskeligheter, fordi de hørte på stemmen i hjertene deres.

Paulus Brev til Romerne 1:20 sier, *"For hans usynlige vesen,*

både hans evige kraft og hans guddommelighet, er synlig fra
verdens skapelse av, idet det kjennes av hans gjerninger, for at
de skal være uten unnskyldning." Ved å se universet og hvordan alt på jorden går harmonisk, mennesker med gode hjerter tror at det er et evig liv. Dette er grunnen til at de ikke lever i samsvar med deres syndige vesen og de kontrollerer selv om ikke å nyte materielle goder for frykt om Gud.

Paulus Brev til Romerne 2:14-15 sier, *"For når hedningene,*
som ikke har loven, av naturen gjør det loven byder, da er
disse, som dog ikke har loven, seg selv en lov; de viser at
lovens gjerninger er skrevet i deres hjerter, idet også deres
samvittighet gir sitt vitnesbyrd, og deres tanker innbyrdes
anklager eller også forsvarer dem." Gud ga loven bare til isralittene og ikke til hedningene. Men det er som om hedningene lever etter denne loven i deres hjerter, deres samvittighet som er vunnet og praktisert av dem selv. Du kan ikke si at de som ikke trodde på Jesus Kristus ikke kan bli frelst, fordi de har aldri i deres liv hørt om evangeliet.

Blant de som døde uten å kjenne Jesus Kristus, var det noen folk som kunne beherske seg selv mot onde tanker på grunn av deres rene hjerter. Disse menneskene vil bli frelst i samsvar med Guds bedømmelse om deres samvittighet.

Kvinne, Se, Din Sønn; Se, Din Mor

Apostelen Johannes skrev om hva han så og hørte fra korset

hvor Jesus hang. Det var mange mennesker inkludert Maria, Jesus' mor; Salome, Hans mors søster; Maria, konen til Clopas; og Maria Magdalena. I Johannes 19:26-27, forteller Jesus den forferdede Maria, Hans mor om å tenke på Johannes som sin sønn og forteller Johannes at han må ta vare på henne som om hun var hans mor:

> *Da nu Jesus så sin mor, og ved siden av henne den disippel han elsket, sa Han til sin mor: "Kvinne, se, det er din sønn!" Deretter sa Han til disippelen: "Se, det er din mor!" Og fra den stund tok disippelen henne hjem til seg.*

Hvorfor Kalte Jesus Maria "Kvinne," Og ikke "Mor"?

Ordet "mor" er ikke sagt av Jesus, men skrevet av apostelen Johannes fra hans perspektiv. Hvorfor kalte Jesus sin egen mor som hadde født Ham "kvinne"?

Når du refererer til Bibelen, kalte Jesus henne ikke "mor."

For eksempel, i Johannes 2:1-11, Jesus utførte det første mirakelet ved å gjøre om vannet til vin etter at Han startet sin prestetjeneste. Mirakelet skjedde ved et bryllup på Cana i Galilea. Jesus og Hans disipler hadde også blitt invitert til bryllupet. Når de ikke hadde mere vin igjen, sa Maria til Ham, "De har ikke mere vin" fordi hun visste at som Guds Sønn kunne Jesus forandre vann til vin. Da fortalte Jesus henne, *"Hva har jeg med deg å gjøre, kvinne? Min time er ennå ikke kommet"* (v. 4).

Jesus svarte at tiden for Ham til å vise seg som Messias hadde ikke kommet ennå fordi om Maria syntes synd på gjestene fordi det ikke var mere vin. Forandre vann til vin spirituellt menes at Jesus ville tape sitt blod på korset.

Jesus kunngjorde om seg selv at Han kom til denne verden som vår Frelser ved å avslutte den gudommelige planen for menneskenes frelse på korset. Så Han kalte Maria "kvinne," og ikke "mor."

Vår Frelser Jesus er forresten Gud i treenigheten og Skaperen. Gud Skaperen er Whem HAN ER (2. Mosebok 3:14), og Han er den Første og den Siste (Johannes' Åpenbaring1:17, 2:8). Derfor er det at Jesus ikke har noen mor og det er derfor Han kaller henne "kvinne," og ikke "mor."

Mange av Guds barn idag refererer til Maria som Jesus' "hellige mor" eller til og med gir henne rang og tilber henne. Du må forstå at dette er helt galt på grunn av at hun ikke er moren til vår Frelser (2. Mosebok 20:4).

Det Himmelske Borgerskap

Jesus trøstet Maria som var veldig fortvilet ved Hans korsfestelse og sa til Hans kjære disippel Johannes at han måtte ta vare på Maria som hans egen mor. Selv om Jesus led av forferdelige smerter på korset, følte Han stort ansvar om hva som skulle skje med Maria etter Hans død. Du kan føle Hans kjærlighet her.

Gjennom Jesus' tredje ord på korset, kan vi innse at i troen er vi alle brødre og søstre – Guds familie. I Matteus 12 er det en scene hvor Jesus' familie kommer til Ham. Når Jesus blir fortalt at Hans mor og Hans brødre står utenfor, forteller Han mengden:

> *Men Han svarte den som sa det til Ham: "Hvem er min mor, og hvem er mine brødre?" Og Han rakte sin hånd ut mot sine disipler og sa: "Se, det er min mor og mine brødre! For den som gjør min himmelske Faders vilje, han er min bror og søster og mor" (Matteus 12:48-50).*

Ettersom din tro vokser etter at du har mottat Jesus Kristus, din sans for borgerskap i himmelen blir klarere og du elsker dine brødre og søstre i Kristus mer enn dine biologiske familie medlemmer. Hvis dine familiemedlemmer ikke er Guds barn, kan ikke din familie forbli som en "familie" for alltid. Ditt familie forhold ender med døden. Hvis de ikke tror på Jesus Kristus eller ikke lever etter Guds vilje fordi om de sier at de tror på Gud, vil de gå til helvete fordi syndenes lønn er døden (Matteus 7:21).

Ditt synlig kjøtt blir til støv igjen etter døden, men du har en udødelig ånd. Hvis Gud tar din ånd, vil du snart bare bli et lik som råtner. Gud Skaperen formerte det første menneske fra støv og pustet åndedragets liv i hans nesebor, så hans ånd ble udødelig. Det er Gud som skaper din udødelige ånd og lager kjøttet som vil bli til støv igjen. Derfor er Han din sanne Far.

Matteus 23:9 forteller oss *"Og dere skal ikke kalle noen på jorden deres far; for en er deres far, han som er i himmelen."*

Dette menes ikke at du ikke skal elske dine ikke-troende i din familie. Det er veldig viktig at du virkelig elsker dem, holder preken for dem og leder dem til å akseptere Jesus Kristus.

Eloi, Eloi, Lama Sabaktani?

Jesus var korsfestet på korset den tredje timen, og fra den sjette timen, kom mørket over hele jorden til den niende time når Han tok sitt siste åndedrag. For å forvandle dette til den moderne forståelse av tiden, han ble korsfestet klokken ni om morgenen og tre timer senere, klokken tolv, kom mørket over hele jorden til klokken tre på ettermiddagen.

Og da den sjette time var kommet, ble det mørke over hele landet like til den niende time. Og ved den niende time ropte Jesus med høy røst: "Elo'i! Elo'i! Lama sabaktani?" det er utlagt: Min Gud! Min Gud! Hvorfor har du forlatt Meg?" (Markus 15:33-34).

Seks timer senere, på den niende time, ropte Jesus ut til Gud, "Eloi, Eloi, lama sabaktani." Dette er Jesus' fjerde ord fra korset.

Jesus var utmattet, for Han hadde hengt på korset i seks timer mens Hans blod og vann rente ut under den sterke solen i ørkenen. Han var aldeles utmattet. Hvorfor ropte Han så ut?

Hver av de syv ordene til Jesus på korset har spirituelle meninger. Hvis de ikke hadde vært hørbare, hadde de vært meningsløse. Det var meningen at de syv ordene skulle bli skrevet ned klart i Bibelen, slik at alle kunne forstå Guds vilje.

Det er derfor han ropte ut de syv ordene fra korset med alle Hans krefter slik at de rundt korset kunne høre det klart og tydelig og skrive de ned.

Noen sier at Gud ropte i bitterhet over Gud, fordi Han hadde måttet komme til denne verden som menneske og tåle store smerter unødvendig. Men dette er absolutt ikke sant.

Hvorfor Ropte Jesus Ut, *"Eloi, Eloi, Lama Sabaktani?"*

Grunnen for at Han kom til jorden var for å ødelegge djevelens arbeide og åpne døren for deg til frelse.

Derfor adlød Jesus Guds vilje helt til Han døde og ofret seg selv helt og holdent. Før Hans korsfestelse, ba Han mer alvorlig og Hans svette var som dråper av blod som falt til bakken (Lukas 22:42-44). Han bar sin byrde, men full kjennskap om hvilken lidelse Han ville lide på korset.

Han led mishandling og lidelse på korset på grunn av at Han visste om Guds planer for menneskene. Hvorfor da ble Jesus sint når Han sto ansikt til ansikt med døden? Hans rop var ikke et tegn av sorg eller bebreidelse overfor Gud. Jesus hadde god grunn for å gjøre det.

Først, Jesus ville kunngjøre til hele verden at Han ble korsfestet for å frelse alle syndere fra deres synder.
Han ville at alle skulle forstå at Han hadde etterlatt sin ære i himmelen og var oversett helt av Gud fordi om Han var Guds

eneste sønn. Han skrek ut for å la alle vite at Han led av forferdelige smerter på korset for å frelse og befri syndere fra synden. Bibelen viser at Han vanligvis kalte Gud "min Far," men på korset kalte Jesus Ham, "min Gud." Dette er på grunn av at Jesus tok korset på vegne av syndere og syndere kan ikke kalle Gud "Far."

På det tidspunktet, hadde Gud vanæret Jesus som en synder som bar alle menneskers synder, og Jesus torde ikke å kalle Gud "Far." På samme måte som du kaller Gud "Abba Far" når du har samme kjærlighet, men kaller Ham "Gud" i stedet for "Far" når du er borte ifra Gud på grunn av at du har vært syndig eller har svak tro.

Gud vil at alle Hans barn skal bli Hans sanne barn som kan kalle Ham "Far" ved å akseptere Jesus Kristus og spasere i lyset.

Andre, Jesus ville advare folkene som ikke kjente til Guds vilje og som fremdeles levde i mørke.

Gud sendte sin eneste Sønn Jesus Kristus til denne verden og tillot Han å bli hånt og korsfestet av Hans egne mennesker. Jesus visste hvorfor Gud overså sin Sønn, men menneskemengden som korsfestet Ham kjente ikke til Guds vilje. Han ropte "Min Gud, Min Gud, hvorfor har Du forlatt Meg?" for å la de uvitende forstå Guds kjærlighet og angre slik at de kanskje kan gå tilbake til frelsens vei.

Jeg Er Tørst

I det Gamle Testamentet, er det mange forutsigelser om Jesus' lidelser på korset. I Salmenes Bok 69:22, står det, *"De ga meg galle å ete, og for min tørst ga de meg eddik å drikke."* Som det er forutsett i Salmenes bok, når Jesus sa, "Jeg er tørst," mennesker bløtet ut en svamp i vin eddik, puttet svampen på en stokk av isop planten, og løftet det til Jesus' lepper.

Etter dette, da Jesus visste om at alle ting allerede har blitt utført for å fullføre Den hellige skrift, sa Han, "Jeg er tørst." Et glass fullt av sur vin sto der; så de puttet en svamp full av den sure vinen på en kvist av isop og brakte det opp til sin munn (Johannes Evangeliet 19:28-29).

Lenge før Jesus Kristus ble født i byen Betlehem, salmedikterne så i et syn at Jesus vill bli korsfestet og dø på korset, og skrev på det. Jesus sa, "jeg er tørst" slik at Skriftene skulle bli oppfylt.

La oss tenke på den spirituelle meningen med Jesus' femte ord på korset, "Jeg er tørst."

Jesus Erklærer Hans Spirituelle Tørst

Mange folk kan tåle sult men ikke tørst. Jesus var forferdelig utmattet fordi Han hadde hengt på korset i seks timer og tapt Hans blod under den sterke ørken solen. Utstrekningen av Hans tørst var vell over hva noen kan innbille seg. Dette menes ikke at Jesus ikke kunne holde ut tørsten når Han sa, "Jeg er tørst." Han visste at Han snart ville komme tilbake til Gud i fred. Faktum er at Han hadde mere smerter fra den spirituelle tørsten enn den fysiske tørsten. Dette er Jesus' sterke ønske til Guds barn: "Jeg er tørst, for jeg har mistet alt mitt blod. Lindre min tørst ved å betale for mitt blod."

To tusen år har gått siden Jesus' døde på korset, men Han forteller oss fremdeles at Han er tørst. Hans tørst er fra alt blodet som Han mistet. Han mistet alt sitt blod for å tilgi alle dine synder og gi deg et evig liv.

Jesus forteller deg at Han er tørst for å demonstrere Hans villighet til å redde de fortapte sjelene. Guds barn som er reddet av Jesus' blod må derfor gi godtgjørelse for Hans blod.

Måten du betaler for Hans blod og slukker Hans tørst er for å lede mennesker på deres uviste vei til helvete til himmelen i stedet.

Derfor må du være takknemlig for Jesus som tapte alt sitt blod og nå slukker Hans tørst ved å lede mennesker til frelsens vei.

Det Er Fullbrakt

I Johannes Evangeliet 19:30, Jesus mottok drikken og sa, "Det er fullbrakt" og bøyde sitt hode og oppgav sin ånd. Jesus aksepterte svampen på en stokk laget av en isop plante. Det var ikke på grunn av at Han ikke kunne holde ut Hans tørst. Det er en spirituell mening med Hans handling.

Grunnen til at Jesus kom som menneske til denne verden var for å bli korsfestet for menneskenes synder. I Hans sterke kjærlighet for oss, fullførte Jesus loven til det Gamle Testamentet og bærte alle menneskenes synder og forbannelse på deres vegne. Under det Gamle Testamentets tider, ofret folk dyrenes' blod som offer til Gud når de hadde syndet. Men, Jesus ga et enkelt offer for alle tidenes synder ved å tape alt Hans blod (Brevet til Hebreerne 10:11-12). Derfor er dine synder allerede tilgitt når du mottar Jesus Kristus på grunn av at Han har allerede reddet deg. Forsonende ære gjennom Jesus Kristus refererer til den nye vinen, og Han drakk vin eddiken for å gi oss ny vin.

Den Spirituelle Meningen med Ordet "Det Er Fullbrakt"

Jesus sa, "Det er fullbrakt" og ga opp Hans ånd. Hva menes dette spirituelt?

Jesus ble kjødelig, kom ned til jorden, holdt preket om evangeliet, helbredet alle svakhetene og sykdommene, og åpnet opp veien for frelse ved å henge på korset for alle de som måtte dø.

Han fullførte loven til det Gamle Testamentet med kjærlighet da Han ofret seg selv helt til slutten. Han vant også over djevelen ved å fullstendig ødelegge djevelens arbeide. Det vil si, Han avsluttet den gudommelige planen for menneskenes frelse. Det er derfor Jesus sa, "Det er fullbrakt" på korset.

Gud vil at Hans barn skal fullføre alt ved å leve etter Guds' vilje akkurat som Hans eneste Sønn Jesus fullførte all frelsens forsyn ved å adlyde Faderen helt til Han ofret sitt eget liv etter Guds vilje og plan.

Slik må du først immitere din Herres hjerte ved å vinne spirituell kjærlighet: Bære de ni fruktene til den Hellige Ånd (Paulus' Brev til Galaterne 5:22-23) og fullføre Salighetene (Matteus 5:3-10). Da må du bli trofast til det arbeide som er gitt til deg av Herren. Du må lede så mange mennesker som du kan til Herren ved å be alvorlig, tale om evangeliet, og tjene kirken.

Jeg håper at dere alle som er Guds dyrebare barn, vil overvinne verden med solid tro, håp for himmelen og kjærlighet for Gud, og tilstå, "Det er fullbrakt" ved å adlyde Gud og Hans vilje på den måten som vår Herre Jesus Kristus demonstrerte.

Fader, Jeg overgir min Ånd I Dine Hender

Innen Han ga fra seg Hans siste ord på korset, var Jesus fullstendig utmattet. I denne tilstanden, kalte Jesus ut med en høy røst, "Fader, inn i Dine hender gir Jeg Min ånd."

Og Jesus ropte med høy røst og sa: "Fader, i dine hender overgir Jeg Min ånd." Og da Han hadde sagt dette, utåndet Han (Lukas Evangeliet 23:46).

Du ser også at Jesus kaller Gud "Far" i stedenfor "Min Gud." Dette viser at Jesus har nå fullført Hans misjon som et sonende offer.

Jesus Ga Hans Ånd og Sjel til Gud

Hvorfor la Jesus, som kom til jorden som vår Frelser, hans ånd og sjel i Hans Fars hender? Menneskene er satt sammen av ånd, sjel og kropp (Paulus 1. Brev til Tessalonikerne 5:23). Når han dør, hans ånd og sjel forlater hans kropp. Hans ånd og sjel vil gå tilbake til Guds side hvis han er Guds barn. Ellers vil hans ånd og sjel gå til helvete (Lukas 16:19-31). Hans kropp er begravd og blir til støv.

Jesus, Guds Sønn, ble kjødelig og kom til denne verden. Han hadde ånd, sjel, og kropp akkurat som oss. Når Han ble korsfestet, Hans kropp døde, men ikke Hans ånd og sjel; Han overga sin ånd og sjel i Guds hender.

Gud får både din ånd og din sjel når du dør. Hvis Gud bare får ånden og ikke sjelen, vil du aldri erfare virkelig lykke i himmelen eller være takknemlig fra hele ditt hjerte. Hvorfor? Du vil ikke huske ting som kommer fra din sjel som tårer, sorg, lidelse og andre ting som du led på denne jorden. Det er derfor Gud får både ånden og sjelen.

Hvorfor ga så Jesus Hans ånd og sjel til Gud? Det er på grunn av at Gud er Skaperen, som regjerer over alt i universet og tar vare på ditt liv, død, forbannelse, og velsignelse. Dette menes, alt tilhører Gud og er under Hans høyeste makt. Gud er den eneste som svarer til dine bønner. Derfor måtte Jesus også be for å kunne gi Hans ånd og sjel til Gud Faderen (Matteus' Evangeliet 10:29-31).

Jesus Ba med en Høy Røst

Hvorfor ba Jesus med en høy røst selv om Han var i midten av fryktelig lidelse, ved å si, "Fader, i dine hender overrekker Jeg Min ånd?" Dette var på grunn av at Han ville folk skulle høre og la dem forstå at rope ut i bønn var Guds vilje. Hans bønn om å overrekke Hans ånd til Gud var like meningsfylt som Hans bønn på Gethsemane kort tid før Hans arrest.

Jesus' bønner, "Fader, inn i Dine hender jeg overrekker Min ånd," beviser også at Jesus fullførte alt etter Guds vilje. Derfor kunne Han nå overrekke Hans ånd til Gud på en stolt måte etter at Han hadde gjort ferdig Hans arbeide i all lydighet til Gud.

Apostelen Paulus tilsto, *"Jeg har stridt den gode strid, fullendt løpet, bevart troen. Så ligger da rettferdighetens krans rede for med, den som Herren, den rettferdige dommer, skal gi meg på hin dag, dog ikke meg alene, men alle som har elsket hans åpenbarelse."* (2. Timoteus 4:7-8)

Diakon Steven levde også etter Guds vilje og vedlikeholdt troen. Derfor kunne han be, "Herre Jesus, motta min ånd" da han tok sitt siste åndedrag (Apostelens gjerninger 7:59). Apostlene Paulus og Steven kunne ikke ha bedt slik hvis de hadde levd jordiske liv, i jakt om glede som stammer fra den syndige natur.

Likeså kan du stolt si, "Det er fullbrakt" og "Fader, inn i din hånd overrekker jeg min ånd," akkurat som Jesus gjorde det, når du bare har levd etter Hans Fader Guds vilje.

Hva Skjedde Etter at Jesus Døde?

Jesus døde på korset etter at Han hadde gitt sitt siste ord med høy røst. Det var den niende time (klokken tre på formiddagen). Fordi om det var midt på dagen, mørket kom over hele landet fra den sjette timen (klokken tolv på formiddagen) til den niende time og gardinene på tempelet ble revet i to deler (Lukas 23:44-45).

Og se, forhenget i templet revnet i stykker fra øverst til nederst, og jorden skalv, og klippene revnet. Og gravene åpnedes, og mange av de hensovede helliges legemer stod opp, og de gikk ut av gravene etter Hans oppstandelse, og kom inn i den hellige stad og viste seg for mange (Matteus 27:51-53).

Det er en viktig spirituell mening i frasen, "gardinen i templet ble revet i to fra øverst til nederst." De lange gardinene i templet var der for å dele det Hellige Stedet i fra det Aller Helligste. Ingen kunne komme inn i det Hellige Stedet utenom presten og bare den høyeste presten kunne komme inn i det Aller helligste en gang i året.

Revningen av gardinen i templet indikerer at Jesus ofret seg selv som en freds offer for å rive ned syndenes vegg. Før gardinen ble revet i to, øverstepresten ga sine offer på vegne av mennesker og overbrakte dem til Gud.

Du kan ha et direkte forhold til Gud fordi syndenes vegg har blitt revet ned gjennom Jesus' død. Det vil si, alle de som tror på

Jesus Kristus kan komme inn i det hellige sanktuarium og tilbe og be til Gud uten noen formidling av øverstepresten eller profetene.

Derfor bemerker forfatteren til Hebreerne, *"Da vi altså, brødre, i Jesus blod har frimodighet til å gå inn i helligdommen, som han har invidd oss en ny og levende vei til gjennom forhenget, det er Hans kjød"* (Brevet til Hebreerne 10:19-20).

I tillegg ristet jorden, og stenene delte seg. Alle disse unaturlige begivenhetene forteller deg at hele naturen i denne verden ble ristet. Det var en representasjon av Guds sorg som ble anbrakt av menneskenes ondskap. Gud uttrykket at Han var veldig lei seg på grunn av at menneskenes hjerte var altfor hardt til å ta imot Jesus Kristus fordi om Han hadde gitt Hans eneste Sønn for å redde dem.

Gravstener knakk og mange hellige menneske ble reist opp fra de døde. Det er bevis ved oppståelsen at alle som tror på Jesus Kristus er tilgitt og kan leve på ny.

Derfor håper jeg at du forstår de spirituelle meningene og Herrens kjærlighet i Hans siste syv ord på korset slik at du kan leve et seirende kristenst liv med lengsel etter Herrens fremtreden like som troens forfader.

8. Kapittel

SANN TRO OG EVIG LIV

- Hva For Et Dypt Mysterium Det Er!
- Falske Tilståelser Fører Ikke Til Frelse
- Kjøttet og Blodet til Menneskesønnen
- Få Tilgivelse Bare Ved å Spasere i Lyset
- En Sann Tro Er En Tro Fulgt Med Handling

Den som eter mitt kjøtt og drikker mitt blod, har evig liv, og jeg skal oppreise ham på den ytterste dag. For mitt kjøtt er i sannheten mat, og mitt blod er i sannheten drikke. Den som eter mitt kjøtt og drikker mitt blod, han blir i meg og jeg i ham. Likesom den levende Fader har utsendt Meg, og jeg lever ved Faderen, således skal også den som eter Meg, leve ved Meg.

Johannes Evangeliet 6:54-57

Det endelige målet med å tro på Jesus Kristus og delta i kirken er for å bli frelset og for å vinne evig liv. Men mange mennesker tror at de bare kan bli frelset ved å gå i kirken hver søndag og si at de tror på Jesus Kristus, uten å leve etter Guds ord.

Som det står i Paulus' Brev til Galaterne 2:16, *"Men da vi innså at et menneske ikke blir rettferdiggjort av lov-gjerninger, men ved tro på Kristus Jesus,, så trodde også vi på Kristus Jesus, for å bli rettferdiggjort av tro på Kristus og ikke av lovgjerninger, ettersom intet kjøtt blir rettferdiggjort av lovgjerninger,"* kan du selvfølgelig ikke komme inn i himmelen eller bli rettferdiggjort bare ved å se på loven utenfra, spesiellt når ditt hjerte er fult av ondskap. Du har ikke noe forhold til Jesus Kristus hvis du fortsetter med å begå synder og ikke følger Guds ord til og med etter at du har lært det.

Derfor må du innse at det er vanskelig for deg å bli frelst bare ved å fortelle folk med din munn at du tror. Jesus Kristus blod renvasker deg ifra dine synder bare når du spaserer i lyset og lever i sannheten. Du må ha virkelig tro sammen med gjerninger (Johannes' Første Brev 1:5-7).

Nå, la oss se i detaljer hvordan en skal ha en virkelig tro for å kunne motta fullstendig frelse og evig liv som et ekte Guds barn.

Hva For Et Dypt Mysterium Det Er!

Det leses i Paulus' Brev til Efeserne 5:31-32, *"derfor skal mannen forlate far og mor og holde seg til sin hustru, og de to skal være ett kjøtt. Denne hemmelighet er stor; men jeg tenker på Kristus og på menigheten."*

Det er sunn fornuft at folk flytter fra sine foreldre og er sammen med deres mann eller kone når de vokser opp. Hvorfor sier så Gud at dette er en dyp hemmelighet? Hvis du tolker og forstår dette verset ordrett, ville du ikke vite hva denne "dype hemmeligheten" er, men hvis du innser den spirituelle meningen bak det, vil du bli fylt med glede.

"Kirken" refererer her til Guds barn som har mottat den Hellige Ånd. Gud sammenlignet nemlig forholdet mellom Jesus Kristus og troende med forholdet mellom mann og kvinne som kommer sammen.

Hvordan kan du forlate verden og bli samlet med din brudgom Jesus Kristus?

Hvis Du Aksepterer Jesus Kristus Ved Troen

Siden den første mannen Adam begikk synder ved å ikke adlyde Gud, synd kom inn i denne verden. Alle hans etterkommere ble slaver til synden og djevelens barn som regjerte denne verdenen.

Du tilhørte før denne verdenen og djevelen, som hadde makten om dette verdens mørke, før du aksepterer Jesus Kristus. Dette har blitt bekreftet av Johannes 8:44, som sier, *"Dere har djevelen til far, og dere vil gjøre eders fars lyster. Man var en manndraper fra begynnelsen og står ikke i sannheten; for sannhet er ikke i ham. Når han taler løgn, taler han av sitt eget, for han er en løgner og løgnens far,"* og ved Johannes' Første Brev 3:8, som sier, *"Den som gjør synd, er av djevelen; for djevelen synder fra begynnelsen."*

Men tvert imot når du aksepterer Jesus Kristus som din Frelser og kommer til lyset, mottar du autoriteten som Guds barn og blir fri ifra synder, fordi dine synder er tilgitt gjennom blodet til Jesus Kristus.

Hvis du tror på at Jesus Kristus har reddet deg fra dine synder ved å henge på korset, gir Gud deg den Hellige Ånd som en gave, og den Hellige Ånd skaper ånden i ditt hjerte. Den Hellige Ånd forteller deg og lærer deg om Guds vilje for at du skal oppføre deg og leve med sannheten.

Da blir du Guds barn ledet av Guds Ånd, ved siden av Ham skriker du, "Abba Fader" (Paulus' Brev til Romerne 8:14-15), og arver himmelens kongedømme.

Hvor gledelig og hemmelig er det ikke at djevelens barn som på en tid måtte falle inn i evig død har nå blitt Guds barn som er nå ledet til himmelen gjennom troen!

Når du er samlet med Jesus Kristus ved å tro på Ham, den Hellige Ånd kommer inn i ditt hjerte og er samlet med livets frø. Gud skapte den førtse mannen fra støv og pustet livets åndedrag inn i hans nesebor. Livets åndedrag er livets frø, selve livet. Derfor kan det aldri dø, og det har blitt ført i arv til etterkommerne gjennom sædceller og egg ifra menneskene fra den ene generasjonen til den neste.

Dette livets frø er innpakket i hjerte. Etter at Gud skapte Adam, plantet Han livets kunnskap, kunnskapen om ånden i hans hjerte. Måten et nyfødt barn må lære om kunnskapen til denne verdenen for å bli en mann med kultur og karakter og leve som et menneske, et levende menneske trenger livets kunnskap til å bli et virkelig levende mennesker fordi om det allerede har fått selve livet.

Adam hadde før bare vært fyllt med åndens kunnskaper, nemlig sannheten. Men etter at han ikke adlød Gud, var kommunikasjonen med Gud brutt. Han begynte så å miste åndens kunnskap litt etter litt, og løgner tok plassen i hans hjerte.

Fra den tiden, hjertet som hadde vært fyllt med bare sannhet ble nå fyllt med to deler: sannhet og løgn. For eksempel, Adam hadde kjærlighet i sitt hjerte, men djevelen plantet en usannhet kalt hat inn i ham. Som et resultat, som du kan se i Første Mosebok 4, Kain, som Adam fødte etter at han syndet, drepte sin bror Abel på grunn av misunnelse og sjalusi.

Ettersom tiden gikk, en annen del begynte å utvikle seg i hjerte, som var fyllt med sannhet og løgn. Den delen er kalt "natur." Du arver kjennetegn og karakteristiske trekk fra dine foreldre. Du tilfører hva du ser, hører, og lærer sammen med dine følelser i ditt sinn. Disse to danner "naturen" i forfølgelse av sannheten.

Denne naturen er ofte kalt "samvittighet," og dette er utformet veldig forskjellig avhengig av hva slags mennesker du møter, hva slags bøker som du leser, og i hvilke omstendigheter som du er vokset opp i. For eksempel, mens noen ser på den samme begivenheten vil noen si at "den er ond" mens andre kanskje sier, "det er godt" eller "det hører til godheten."

Derfor, når du analyserer ens hjerte, er det en sann del som tilhører Gud, en usann del som var gitt av Satan, og ens natur ble utformet som et resultat av disse to delene.

Den Hellige Ånd Er Samlet Med Livets Frø i Hjertet

I Adams tilfelle, livets frø ble pakket inn i disse tre delene som ble gitt i gave fra Guds hjerte. Dette sies da Guds ord "Du vil helt sikkert dø" var fullført etter at Adam spiste fra treet med kunnskap om godt og ondt. Selv om det er livets frø, er det ikke noe forskjell ifra å være død hvis det ikke fungerer.

For eksempel, når du sår frø i marken, ikke alle frøene vokser, fordi noen av dem er allerede døde. Men hvis frøene er i live, vil de ganske sikkert gro.

Det er det samme med mennesker. Hvis livets frø som var gitt av Gud er helt dødt, det kan ikke livne til, og det er ikke noe behov for at Gud forbereder Jesus Kristus for frelse av menneskene eller å skape himmelen og helvete.

Men livets frø som ble gitt til menneskene når Gud pustet livets åndedrag inn i ham er evig. Når du mottar evangeliet, livets frø blir gjenopplivet; det større den sanne delen i ditt hjerte, jo lettere kan du akseptere evangeliet. Alle som hører på korsets budskap og aksepterer Jesus Kristus mottar den Hellisge ånd. På denne tiden, livets frø i ditt hjerte kommer sammen med den Hellige Ånd.

På den annen side, mennesker med en samvittighet som er

brent som med et varmt jern har ikke noe plass for evangeliet til
å komme til på grunn av at det usanne hjerte fullstendig pakker
og gjemmer livets frø i deres hjerter. Livets frø som har ligget ved
døden får makt til å utføre deres funksjon når det blir kombinert
med Guds store makt, den Hellige Ånd.

For Å Bli Åndens Mann

Ettersom du deltar i gudstjeneste, forstår Guds Ord, og ber,
Guds ære og sterke makt kommer til deg og gjør deg klar til å
følge den Hellige Ånds vesen.

Gjennom denne prosessen, ditt hjerte og ånd kommer
sammen ettersom ditt hjerte blir mer og mer sannferdig ved å
fjerne løgnen fra den og fullføre den med sannhet. Hvis ens
hjerte er fullstendig fyllt med kunnskapen om ånden og
sannheten, dette hjerte er selve ånden likesom den første
mannen Adam hadde vært.

Selv om du ser trofast ut, handler du i samsvar med din natur
hvis du ikke ber. Den Hellige Ånden i deg kan ikke skape en ånd
og du er fremdeles et kjødelig menneske. Videre, du kan ikke
følge naturen til den Hellige Ånd hvis du ikke bryter dine egne
tanker og argumenter fordi om du ber veldig flittig eller for
veldig lang tid. Derfor kan du ikke bli transformert til åndens
mann.

Den Hellige Ånd gjør det mulig for deg å tenke i samsvar
med sannheten i ditt hjerte. Det vil si, du lever etter den Hellige
Ånds ønske. Satan arbeider således på samme måte for å lede deg
til ødeleggelsens vei ved å friste deg til å følge de kjødelige

tankene så mye som mulig så lenge du har usannheten i ditt hjerte.

Derfor må du bli kvitt begge kjødelige tankene og selvgodheten som det sies i Paulus' Annet Brev til Korintierne 10:5, *"idet vi omstyrer tankebygninger og enhver høyde som reiser seg mot kunnskapen om Gud, og tar enhver tanke til fange under lydigheten mot Kristus."*

Når du adlyder Guds Ord, ved å si, "Ja" og følge den Hellige Ånds ønske, ditt hjerte kan bli fyllt bare med sannhet, og da kan du bli et fullkomment åndelig og hellig menneske.

Du Kan Få Hva Du Enn Spør Om

Du kan bli en med Herren når du kaster bort alle løgnene, bryter "selvgodheten" ved å skape ånden med den Hellige Ånd, og lage ditt hjerte så rent som hjerte til din Herre Jesus Kristus.

En mann og en kvinne blir ett og føder et barn ved deres sammenkomst av sædceller og et egg. På samme vis, når du kommer ut ifra verden og blir en med Jesus Kristus, din brudegom ved å akseptere Ham, du vil føde ånden med den Hellige Ånd og rikelig få velsignelse av å bli Guds barn.

Som det sies i Paulus Brev til Romerne 12:3, er troen målt, og du mottar svar i samsvar med disse måleenheter. I Johannes' Første Brev 2:12 og følgende, troens utvikling er sammenlignet med menneskenes utviklings prosess.

De som aksepterer Jesus Kristus, mottar den Hellige Ånd, og er reddet ved å ha troen som små barn (Johannes 1. Brev 2:12). De som prøver å legge sannhet i handlingen har barns tro

(Johannes 1. Brev 2:13). Når de vokser opp mer fra dette nivå og virkelig handler ærlig, har de ungdommens tro (Johannes Johannes 1. Brev 2:13). Hvis de vokser opp mere, har de troen til fedrene (Johannes Johannes 1. Brev 2:13).

Når du leser om Job fra det Gamle Testamentet, kjenner Gud ham igjen som en uskyldig og oppriktig mann, men når Satan utfordret, tillot Gud Satan å prøve Job. Først insisterte Job at han var rettferdig. Men ganske snart innså han hans ondsinnethet og angret foran Gud når ondskapen i hans natur ble oppdaget av en prøve. Jobs selvgodhet var brutt og hans hjerte ble rettferdig og rent i Guds øyne. Bare da kunne Gud velsigne ham to ganger rikeligere enn før.

Akkurat som når du skaffer en måleenhet av faderens tro, som er det høyeste nivå av tro ved å bryte din egen selvgodhet og bli en med Herren, kan du motta oversvømmende velsignelser ved å være Guds barn. Dette er hva Gud har lovet deg i Johannes 1. Brev 3:21-22: *"Dere elskede! Dersom vårt hjerte ikke fordømmer oss, da har vi frimodighet for Gud, og det vi ber om, det får vi av ham; for vi holder hans bud og gjør det som er ham til behag."*

Du Kan Nyte Velsignelser ved å Være Guds Barn

På denne måten, blir du en med Jesus Kristus i den grad at du blir spirituell. Du får også velsignelsen ved å bli en med Gud så lenge du gjennomfører Guds rettferdighet.

Jesus lovet deg i Johnannes 15:7 at *"Dersom dere blir med meg, og mine ord blir i dere, da be om hva dere vil, og dere skal få det.* " Også i Johannes' Evangeliet 17:21, Han fortalte oss *"at de alle må være ett, likesom du, Fader, i meg, og jeg i deg, at også de må være ett i oss, forat verden skal tro at du har utsendt Meg."* Likeledes, når du er samlet med Herren ved å komme deg ut av denne verden som er regjert av djevelens mørke makt, du blir en med din Gud Fader. På dette, Paulus' Brev til Galaterne 4:4-7 leses slik:

Men da tidens fylde kom, utsendte Gud sin Sønn, født av en kvinne , født under loven, for at han skulle kjøpe dem fri som var under loven, for at vi skulle få barnekår. Og fordi dere er sønner, har Gud sendt sin Sønns Ånd i våre hjerter, som roper: "Abba, Fader!" Derfor er du ikke lenger en slave, men en sønn; og hvis en sønn, da er du en arving gjennom Gud.

Måten folk arver eiendeler fra deres foreldre, arver du Guds kongedømme når du blir Hans barn ved å akseptere Jesus Kristus. Det vil si, djevelens barn arver helvete fra djevelen, og Guds barn arver himmelen ifra Gud.

Men du må huske at de som ikke tar imot ånden fra den Hellige Ånd må dra til helvete på grunn av at himmelen er et rent sted fyllt bare med sannhet og til det omfang at din ånd er blomstrende og blir en med Gud, du får æren av å bo nærmere Gud i himmelen.

Derfor håper jeg at du mottar velsignelse om evig liv ved å akseptere Jesus Kristus din brudegom og bli en med Herren Jesus og Gud Faderen ved å kaste vekk all løgnene og kaste vekk selvgodheten. På denne måten kan du gi all æren til Gud.

Falske Tilståelser Fører Ikke Til Frelse

Jesus kristus blir din sanne brudegom som leder deg til veien med evig liv og velsignelse når du blir samlet med Ham gjennom troen. Hvis du ligner Jesus Kristus hjerte, din brudegom og oppnår perfekt tro, du ikke bare arver himmelens kongedømme, men du vil også skinne som solen.

Når du leser Bibelen forsiktig, finner du ut at noen mennsker som sier at de tror på Gud ikke er frelst. I Matteus' evangeliet 25, er det lignelse om ti jomfruer. Fem kloke jomfruer som hadde laget istand olje var reddet, men de andre fem uforstandige jomfruene kunne ikke bli reddet.

På samme måte forteller Gud klart i Bibelen hvem som kan og ikke kan bli reddet, fordi om de alle sier at de tror. Du kan da vite hva slags liv du må leve for å bli reddet.

Det står klart og tydelig i Matteus Evangeliet 7:21, *"ikke enhver som sier til Meg, 'Herre, Herre,' vil komme inn i himmelens rike, men den som gjør min himmelske Faders vilje."* Hvis du kaller Jesus 'Herre, Herre,' menes det at du tror at Jesus er Kristus. Men du kan ikke bli reddet bare ved å kalle Herren's navn og besøke kirken på søndagene.

Onde Mennesker Kan Ikke Bli Reddet

Gud forteller deg om Straffen i Matteus 13:40-42:

Likesom da ugresset sankes og brennes opp med ild, således skal det gå til ved verden ende. Menneskesønnen skal utsende sine engler, og de skal sanke ut av hans rike alt det som volder anstøt, og dem som gjør urett, og de skal kaste dem i ildovnen; der skal være gråt og tenners gnissel.

Når en bonde høster inn, samler han all hveten inn i hans låve, men han brenner klinten med flamme. På samme måte, Gud forteller deg at de som ikke er rettferdige i Guds øyne må få straff.

"Alle hindringer" refererer til alle de som påstår at de tror på Gud, men frister brødre og søstre i troen og forårsaker dem til å miste deres tro. Derfor vil du ikke bli reddet hvis du forårsaker at mennesker synder og blir onde.

Hva er så ondskap? Johannes 1. Brev 3:4 sier, *"Hver den som gjør synd, han gjør og lovbrudd, og synden er lovbrudd."* Akkurat som alle land har sine egne lover, er det også en spirituell lov i Guds kongerike. Loven til det spirituelle kongerike er Guds ord som er skrevet i Bibelen. Alle som bryter Guds ord er dømt på samme måte som alle de som bryter lovene er anklaget etter loven. Derfor er det ondt og syndfullt og krenke Guds ord.

Guds ord kan i store deler bli delt inn i fire kategorier: "gjøre," "ikke gjøre," "beholde," og "kaste bort." Siden Gud er lyset, forteller Han Hans barn å gjøre hva som er riktig, ikke hva som er galt, behold Guds barn forpliktelse, og kast bort hva Gud hater fordi Han vil at Hans barn skal bo i lyset.

Femte Mosebok 10:12-13 anbefaler Gud oss til å, *"Og nu, Israel, hva krever Herren din Gud av deg uten at du skal frykte Herren din Gud og vandre på alle Hans veier og elske Ham og tjene Herren din Gud av alt dit hjerte og all din sjel, så du tar vare på Herrens bud og Hans lover, som jeg byder deg idag, for at det kan gå deg vel?"*

På den ene side, vil du få velsignelser hvis du putter Guds ord inn i handling. På den annen side, vil du motta evig død på grunn av ondskap og synder hvis du ikke lever etter Hans ord.

Paulus Brev til Galaterne 5:19-21 markerer det kjødelige arbeide:

Men kjøttets gjerninger er åpenbare, såsom: utukt, urenhet, skamløshet, avgudsdyrkelse, trolldom, fiendskap, kiv, avind, vrede, stridigheter, tvedrakt, partier, misunnelse, mord, drikk, svir og annet slikt; om dette sier jeg dere forut, likesom jeg og forut har sagt, at de som gjør sådant, skal ikke arve Guds rike.

"Utukt" refererer til alle slags seksuelle urenheter og ikke resterende ærbarhet, inkludert er å ha seksuelt forhold får en er lovlig gift. "Urenhet" her menes forstyrrende handlinger utenfor fornuftig resultater fra den syndige natur.

"Skamløshet" er når du alltid følger din syndige, seksuale umoral og lever etter falske ord og handlinger. "Avgudsdyrkelse" er å tilbe ting som er laget av gull, sølv, bronse eller noen annen masse, eller når du elsker noe mere enn du elsker Gud.

"Trolldom" er å lokke noen med ondskapsfulle løgner. "Fiendskap" er et ønske om å ødelegge andre folk ved å være ond, det motsatte av kjærlighet. "Kiv" refererer til handlingen om å kjempe om å søke selvgevinst og autoritet. "Avind" er å hate en annen person på grunn av at du føler at han er bedre enn deg selv. "Vrede" menes ikke bare å være sint, men å skape ødeleggelse til andre på grunn av et forferdelig sinne.

"Stridigheter" refererer til å lage en separat gruppe eller virksomhet og følger Satans arbeide på grunn av at du ikke er enig med andre. "Tvedrakt" er å lage en gruppe og separere seg ved å følge dine egne tanker, ikke tankene til den Hellige Ånd. "Partier" refererer til å nekte Guds treenigheten og Jesus som kom hit som et menneske, mistet alt Hans blod for å felse menneskene og ble Kristus.

"Misunnelse" er ødeleggende eller fører til farlige handlinger mot noen på grunn av sjalusi. "Drikk" er handlingen med å drikke alkohol, og "Svir" menes ikke bare å bli full, hengi seg selv, mangel på kontroll, men også unnlate å utføre dine plikter ordentlig som en ektefelle eller foreldre.

I tillegg, "annet slikt" menes at det er mange syndige handlinger i likhet med disse, og de som utfører disse handlingene kan ikke bli frelst.

Synder Som Fører til Døden og Synder Som Ikke Gjør Det

I denne verden, "synd" er ansett som en "synd" når resultatet av den synden er synlig og fysisk skadende til en annen gruppe og er støttet med et sikkert bevis. Men, Gud som er lyset, forteller oss ikke bare syndige handlinger, men også alt det mørke som går mot lyset i sinnet.

Fordi om de ikke er fremvist eller sett, alle syndige ønsker i ditt hjerte som hat, missunnelse, sjalusi, begjær, dømme andre, fordømme, hjerteløshet, og uærlige sinn er også onde og syndige.

Det er derfor Gud forteller oss, *"Men jeg sier eder at hver den som ser på en kvinne for å begjære henne, har alt drevet hor med henne i sitt hjerte"* (Matteus' Evangeliet 5:28), og *"Hver den som hater sin bror, er en manndraper, og dere vet at ingen manndraper har evig liv blivende i seg"* (Johannes' 1. Brev 3:15). I tillegg, i Paulus 1. Brev til Romerne 14:23 står det, *"Men den som tviler – dersom han eter, så er han dømt, fordi det ikke er gjort av tro; alt som ikke er av tro er synd,"* og Jakobs Brev 4:17 sier at *"Den som altså vet å gjøre godt og ikke gjør det, han har synd av det."* Derfor skulle du innse at det er synd og ulovelig å ikke gjøre hva Gud vil og kommanderer.

Men, vil alle mennesker dø hvis de begår disse syndene? Du må forstå at det er å leve i troen hvis noen som har løyet før ber om tilgivelse og prøver å bli en sannferdig mann. Fordi om de ikke har kastet vekk all uærligheten i deres hjerte, på grunn av deres svake tro, er det ikke sant at de ikke vil bli reddet på grunn av denne synden.

Johannes 1. Brev 5:16-17 forteller oss, *"dersom noen ser sin bror gjøre en synd som ikke er til døden, da skal han be, og han skal gi ham liv – jeg mener dem som ikke synder til døden. Det er synd til døden; det er ikke om den jeg sier at han skal be. Enhver urettferdighet er synd, og der er synd som ikke er til døden."*

Synder er vanligvis delt inn i to kategorier: de som fører til døden og de andre som ikke fører til døden. De som begår synder som ikke leder til døden kan bli reddet hvis du oppmuntrer dem, ber for dem, og hjelper dem med å angre på deres synder. Men likevel, hvis vi begår synder som leder til døden, kan han ikke bli reddet selv om du ber for ham.

Mennesker som du tror er ærlige, lyver noen ganger for deres egne fordeler, eller gjør mange bedragerske handlinger fordi om selve handlingene ikke skader andre mennesker. Du finner ut at du er en synder når du innser sannheten, selv om du trodde at du hadde levet et rettferdig liv før du trodde på Gud. Gud viser deg ikke bare de syndene som kan bli sett, men også onde tanker i deres hjerter, som alle er synder.

Alle ugjerningene er synder og lønnen til synden er døden. Men, Jesus Kristus har tilgitt alle dine tidligere synder, nuværende synder, og fremtidige synder ved å tape alt blodet sitt på korset. Det er synder som kan bli tilgitt ved makten av Jesus' blod når du angrer og snur deg bort fra dem. Dette er synder som ikke fører til døden.

Hvis du ikke angrer men fortsetter å synde, din samvittighet vil bli hardere. Da kan du omsider motta ånden for din angerfølelse hvis du begår en synd som fører til døden. Således kan dine synder ikke bli tilgitt selv om du pøver å angre.

Nå la oss se på de tre slags synder som fører til døden: Blasfemi mot Ånden, utsette Guds Sønn for offentlig skam gjentatte ganger, og fortsette med å synde med vilje.

Blasfemere den Hellige Ånd

Det er tre ting med å blasfemere mot den Hellige Ånd. Du begår blasfemi mot Ånden når du snakker mot den Hellige Ånd, når du motarbeider den Hellige Ånds arbeide, og når du bringer skam over den Hellige Ånd.

Derfor sier jeg dere: Hver synd og bespottelse mot Ånden skal ikke bli forlatt. Og om noen taler et ord mot Menneskesønnen, det skal bli ham forlatt; men om noen taler ondt on den Hellige Ånd, det skal ikke bli ham forlatt, hverke i denne verden eller i den kommende (Matteus' Evangeliet 12:31-32).

Og hver den som taler et ord mot Menneskesønnen, ham skal det bli forlatt; men den som taler bespottelig mot den Hellige Ånd, ham skal det ikke bli forlatt (Lukas 12:10).

Først, "snakke mot andre" er å baktale dem og hindre deres arbeide. **"Snakke mot den Hellige Ånd"** er å prøve å hindre talentene til Guds rike ved å avbryte den Hellige Ånds arbeide basert på ens egen vilje og tanker. For eksempel er det å arbeide mot den Hellige Ånd når du motsier Guds arbeide, på grunn av at det ikke stemmer overens med dine egne tanker selv om det er den Hellige Ånds arbeide.

Hvis du fordømmer en av Guds tjenere som kjetter, når han ikke er det, og avbryter den Hellige Ånds arbeide, er det slik en forferdelig synd til Gud at det ikke kan bli tilgitt. Derfor må du være istand til å se forskjellen på åndene i forhold til sannheten.

Selvfølgelig må du advare folk alvorlig og må ikke tillate deres oppførsel hvis de prøver å gjøre det slik at andre mottar den onde ånden eller så blir de virkelig kjettere i Guds øyne. Titus 3:10 sier, *"Et menneske som gir seg av med vranglære, skal du vise fra deg, etterat du har formant ham en gang og en gang til."*

Mange mennesker fordømmer noen kirker som kjettersk eller også forfølger dem på mange måter, som anerkjenner Guds Trefoldighet og arbeider sammen med den Hellige Ånd, siden slike mennesker ikke kan se forskjell på åndene. Fordi om de sier at de tror på Gud, har de ikke nok bibelske kunnskaper om kjetteri. Noen ganger kjenner de ikke engang til definisjonen av kjetteri.

Vedrørende saken om å forfølge andre på grunn av for liten kunnskap, hvis folk angrer og snur tilbake, kan de bli tilgitt. Men hvis de forstyrrer Guds arbeide med en ond hensikt og sjalusi fordi om de vet at det er den Hellige Ånds arbeide, kan de aldri bli tilgitt.

Du kan finne et eksempel på dette i Bibelen. I Markus'

evangeliet 3, når Jesus gjorde vidunderlige tegn og under, de som var sjalue på Ham spredde ut rykte om at Han var gal. Ryktet hadde spredd seg så langt vekk at Hans familie medlemmer som bodde langt unna kom for å ta Ham vekk fra offentligheten. Lovens lærere og fariseerne kritiserte Jesus og sa, *"Og de skriftlærde, som var kommet ned fra Jerusalem, sa: 'Han er besatt at Be'elsebul, og: Det er ved de onde ånders fyrste han driver de onde ånder ut'"* (Markus' Evangeliet 3:22). De kjente godt til Guds Budskap. De kjente loven veldig godt og lærte den til mennesker og fremdeles motsatte de seg Guds arbeide på grunn av deres sjalusi til Jesus.

Andre, *"motsette arbeide til den Hellige Ånd"* er å trosse stemmen til den Hellige Ånd som Gud har gitt, eller dømme og fordømme den Hellige Ånds arbeide og prøve å skade andre mennesker.

For eksempel, det er å si imot den Hellige Ånd å spre rykter eller dikte opp dokumenter, eller fordømme en prest eller en kirke som "kjettersk" hvor arbeide til den Hellige Ånd er vist, ved å forstyrre gjenopplivingsmøtene eller sammenkomster.

Hva betyr så "Alle som snakker imot Menneskesønnen, skal bli tilgitt" mene? "Menneskesønnen" i dette verset refererer til Jesus som kom som et menneske før Han ble korsfestet på korset.

Si imot Menneskesønnen menes å ikke adlyde Jesus, kjenne og anerkjenne Ham bare som en person på grunn av at Han kom til jorden som et menneske. Maktesløsheten til å gjenkjenne Jesus som Frelseren fører til mangel på kunnskap. På grunn av dette vil du bli tilgitt og kan bli reddet bare hvis du virkelig angrer og aksepterer Herren.

Hvis du begår slik en synd uten å vite sannheten eller før du mottar den Hellige Ånd gir Gud deg derfor en sjanse til å angre og bli tilgitt om igjen og om igjen.

Men hvis du ikke adlyder og motstår Herren mens du vet presis hvem Jesus Kristus er, må du forstå at du aldri kan bli tilgitt for dette, fordi det er det samme som å si imot den Hellige Ånd og å si imot den Hellige Ånds arbeide.

Tredje, blasfemi menes også å bringe skam over ting som er gudommelig, hellig, og ren. Blasfemi mot den Hellige Ånd menes også *bringe skam over den Hellige Ånd,* Guds Ånd, og Guds gudommelighet. Det er en synd å bringe skam på Guds evige makt og gudommelighet hvis du baktaler den Hellige Ånds arbeide, ved å si at de er Satans arbeide, eller hvis du insisterer på at noe er den Hellige Ånds arbeide når det ikke er sant. Også, forkynne at sannheten er løgn, påstå at det som ikke er sant er faktisk sant, og fordømme hva som er sant som om det var falskt er alle "blasfemisk mot den Hellige Ånd."

I gamle dager, hvis en var grepet for å si noe eller gjøre noe blasfemisk mot kongen, var det betraktet som landsforræderi og han ble drept.

Hvis du blasfemerer mot Guds Hellige gudommelighet, som er allmektig og ikke kan bli sammenlignet med noen annen konge i denne verden, du kan aldri bli tilgitt.

Til og med Jesus, som var selveste Gud og kom til denne verdenen kjødelig, fordømte ikke noen. Hvis dere fremdeles fordømmer brødre og søstre, og videre bringer skam over det arbeide som den Hellige Ånd har gjort, hvilken forferdelig synd det ville bli! Hvis du står i dyp respekt og frykt for Gud, kan du aldri motsette deg, si imot, eller bringe skam over den Hellige Ånd.

Derfor må du forstå at disse syndene aldri kan bli tilgitt i enten denne generasjonen eller i den neste generasjonen og du skal aldri begå disse syndene. Selv om du har begått disse syndene før, skal du søke Guds nåde og angre med hele ditt hjerte.

Sette Skam På Guds Sønn

Det fører deg til døden å korsfeste Guds Sønn om igjen og sette skam over Ham, som beskrevet i Hebreerne 6.

For det er umulig at de som engang er blitt opplyst og har smakt den himmelske gave og fått del i den Hellige Ånd og har smakt Guds gode ord og den kommende verdens krefter, og så faller fra, atter kan fornyes til omvendelse, da de på ny korsfester Guds Sønn for seg og gjør ham til spott (Brevet til Hebreerne 6:4-6).

Noen folk forlater kirken og Gud gjennom fristelsene i denne verden og begynner å bringe skam over Gud selv om de har mottat den Hellige Ånd, vet at det er en himmel og et helvete, og tror på sannhetens ord. Vi sier at de begikk en synd med å korsfeste Guds Sønn om igjen og gjøre Ham til skam. Slik en person begår ikke bare mange synder kontrolert av Satan, men også nekter Gud og forfølger og ydmyker kirken og de troende. De har allerede gitt deres samvittighet til Satan, slik at deres hjerter er fulle av mørket.

Derfor ville de ikke engang angre i det hele tatt og de fikk aldri åndens angerfølelse. De har ingen sjanse til å angre og derfor kan de aldri bli tilgitt. Judas Iskariot begikk denne synden. Han var en av Jesus' tolv disipler. Han så mange tegn og under, men han ble grådig og solgte Jesus for tredve sølv mynter. Senere, hans samvittighet ble rammet og han ble fylt med anger, men Judas ble ikke beklaget av ånden. Hans synd kunne ikke bli tilgitt, og han begikk selvmord på grunn av at han var forferdelig plaget av hans skyldfølelse (Matteus' Evangeliet 27:3-5).

Fortsette med å synde med vilje.

Den siste synden som fører til døden er å fortsette med å synde med vilje etter at du har mottatt kunnskapen om sannheten.

For synder vi med vilje etter å ha lært sannheten å kjenne, da er det ikke mere tilbake noe offer for synder, men bare en forferdelig gru for dom og en midkjærlighetens brand som skal fortære de gjenstridige (Brevet til Hebreerne 10:26-27).

For å "fortsette med å synde med vilje etter at en har mottatt kunnskapen om sannheten" menes å gjenta ulovlige ting som

Gud ikke tilgir. Det menes også å fortsette å synde, med vitenskap om at det er en synd akkurat som *"det har gått dem som det sanne ordspråk sier: 'Hunden vender seg om til sitt eget spy, og den vaskede så velter seg i søle'"* (Peters Andre Brev 2:22).

På den ene siden, når David, som elsket Gud så mye, begikk utroskap, ble det skapt mange synder og førte ham til å myrde en av hans mest loyale soldater. Men, når profeten Nathan pekte ut sin synd, Kong David angret med en gang.

På den annen side, Kong Saulus fortsatte å skinne selv etter at profeten Samuel hadde pekt ut hans synder. David angret og fikk Guds velsignelser, mens Saulus ble sviktet på grunn av at han ikke angret og fortsatte og skinne.

I tillegg, Bileam var en profet som hadde autoritet over velsignelse og forbannelse, men når han ga avkall på sine prinsipper for å få rikdom og berømmelse, kom han til en miserabel sluttning.

På den ene siden, den Hellige Ånd i hjertet til de som begikk synder med vilje blekner bort på grunn av at Gud snur ryggen til dem. De miter da deres tro og gjør onde og gale ting som er kontrollert av djevelen. Til slutt, den Hellige Ånd i dem vil fullstendig forsvinne, og de kan ikke bli reddet på grunn av at de ikke kan angre og deres navn vil bli utslettet fra Livets Bok (Johannes Åpenbaring 3:5).

På den annen side, er det mennesker som fortsetter med å begå synder på grunn av at de har bare kjent Gud med deres kunnskap men tror ikke på Ham i deres hjerter. Deres synder kan bli tilgitt og de kan bli ført til frelsens vei når de grundig og helhjertet angrer og har sann tro.

Du bør derfor vite at du vil ikke bli reddet når du begår synder med vilje ved å føre ut syndige handlinger fordi om du engang var opplyst, tror på himmelen og helvete, og har erfart Guds overveldende nåde.

Jeg håper også at du vil helt forstå at alle synder er ulovlige og mørket og Gud hater dem selv om noen av dem ikke fører til døden. Du må helst bli en klok troer som ikke tillater eller begår noen som helst slags synder.

Kjøttet og Blodet til Menneskesønnen

For å kunne beholde et helsemessig liv, må du spise riktig mat og drikke. På samme måte, for å kunne holde din ånd frisk og få evig liv, må du spise kjøttet og drikke blodet til Menneskesønnen.

Nå skal du lære hva kjøttet og blodet til Menneskesønnen er, og hvorfor du må spise Hans kjøtt og drikke Hans blod for å få evig liv, basert på den følgende skriften ifra Johannes' Evangeliet 6:53-55:

Jesus sa da til dem: "Sannelig, sannelig sier jeg eder: dersom dere ikke eter Menneskesønnens kjøtt og drikker Hans blod, har dere ikke liv i dere. Den som eter Mitt kjøtt og drikker Mitt blod, har evg liv, og jeg skal oppreise ham på den ytterste dag. For mitt kjøtt er i sannhet mat, og mitt blod er i sannhet drikke."

Hva er Kjøttet til Menneskesønnen?

Jesus forteller deg i Bibelen hemmeligheten om himmelen og Guds vilje med mange lignelser. For mennesker som lever i denne tre dimensjonelle verden, er det veldig hardt og forstå og bli klar over Guds vilje, som lever i den fire dimensjonelle verden og ovenpå. Derfor sammenlignet Jesus himmelske ting med ikke levende ting, planter, dyr og livene i denne verden for å hjelpe oss å forstå den gudommelige vilje.

Det er derfor Jesus, Guds eneste Sønn er sammenlignet med stenen og stjernen, som er de ikke dimensjonelle, til den en-dimensjonelle vin, til det to dimensjonelle lammet, og Menneskesønnen som er tre dimensjonell.

Jesus er kalt Menneskesønnen, så kjøttet til Menneskesønnen er kjøttet til Jesus.

Johannes Evangeliet 1:1 forteller oss at, *"I begynnelsen var Ordet, og Ordet var hos Gud, og ordet var Gud."* Johannes' Evangeliet 1:14 ser at *"Og Ordet var kjøtt og tok bolig iblandt oss, og vi så Hans herlighet – en herlighet som den en enbåren sønn har fra sin far – full av nåde og sannhet."*

Jesus er den som kom til denne verden i kjøttet som Guds ord. Derfor, Menneskesønnens kjøtt er Guds Budskap, som er selve sannheten, og spising av kjøttet til Menneskesønnen er å lære Guds ord i Bibelen.

Hvordan Skal Vi Spise Menneskesønnens Kjøtt

I 2. Mosebok 12:5 og de følgende versene, Jesus er sett på som "Lammet":

> *det skal være et lam uten lyte, av hankjønn, årsgammelt; et lam eller et kje kan dere ta. Og dere skal g jemme det til den fjortende dag i denne måned; da skal hele Israels samlede menighet slakte det mellom de to aftenstunder. Og de skal ta av blodet og stryke på begge dørstolpene og på det øverste dørtre på de hus hvor de eter det.*

Generelt tror mange troende at lammet refererer til nye troende, men når du forsiktig studerer Bibelen, lammet er et symbol på Jesus.

Døperen Johannes, så på Jesus som kom imot ham, sa i Johannes' Evangeliet 1:29, *"dagen etter ser han Jesus komme til seg og sier: Se der Guds lam, som bærer verdens synd!"* Og apostelen peter refererte til Jesus som et lam i Peters' Første Brev 1:19, *"men med Kristi dyre blod som blodet av et ulastelig og lyteløst lam."* Utenom dette, mange andre uttrykk sammenligner Jesus til et lam.

Hvorfor sammenligner Bibelen Jesus til et lam? Et lam er det snilleste og det mest lydige av alle buskap. De kjenner igjen stemmen til deres hyrde og adlyder ham. Ingen andre kan narre lammet selv om folk prøver å immitere stemmen til deres hyrde. Det gir hvit og myk pels, melk, kjøtt og alle dens kroopsdeler til menneskene.

Akkurat som et lam ofrer alt til menneskene, Jesus adlød Guds vilje perfekt og ofret alt for oss.

Jesus kom til denne verdenen som menneske fordi om Han er i all natur Gud, preket om himmelens evangelium, helbredet mange sykdommer og skavanker, og ble korsfestet. Jesus ga opp alt for å redde deg fra dine synder.

Jesus er sammenlignet med et lam på grunn av at Hans karakter og handlinger likner de av et vennlig lam, og spise et lam symboliserer å spise Jesus kjøtt, nemlig Menneskesønnens kjøtt. Hvordan så skal vi spise Menneskesønnens kjøtt? La oss se på 2. Mosebok 12:9-10 som gir de følgende veiledninger:

Dere må ikke ete noe av det rått eller kokt i vann, men stekt ved ild, med hode, føtter og innvoller. Og dere skal ikke levne noe av det til om morgenen; er det noe igjen om morgenen, skal dere brenne det opp i ilden.

Først, du skal ikke spise Guds Budskap rått

Hva menes med å spise kjøttet til Menneskesønnen "rått"?

Generelt er det ikke godt å spise rått kjøtt. Hvis du spiser rått kjøtt, kan du få viruser eller bakterier og bli syk. På samme måte, Gud forteller deg å ikke spise Guds ord rått på grunn av at det er skadelig.

Guds ord er skrevet av inspirasjonen fra den Hellige Ånd, så du må lese det og gjøre det til din mat med inspirasjon av den Hellige Ånd.

Hva om du tolker Guds ord bokstavelig? Du ville sikkert misforstå Guds hensikt. Derfor, spise "Guds ord rått" menes å tolke Bibelen bokstavelig. Ettersom Johannes' Evangeliet 1:1 sier *"Ordet var Gud,"* Bibelen inneholder Guds hjerte og vilje og alle tingene er utført i følge dette Budskapet. Guds ord forteller oss hvordan vi kan komme til himmelen. Du må forstå Guds ord fullt ut for å kunne motta evig liv. I motsetning, en kjødelig mann kan ikke se eller få tak i den spirituelle verden. Det er som en sangsikade å ikke vite at det er en himmel når det er mark i jorden. Det er i likhet med en kylling som ikke kjenner til verden utenfor når det er i egget. Det er i likhet med en baby som ikke kjenner til noe om verden utenfor når det fremdeles er i hans mors mave.

Likeledes, så lenge du er i den kjødelige verden, vet du ingenting om den spirituelle verden.

Gud forteller deg at det er en annen verden utenfor denne tre dimensjonelle verden. Akkurat som en ufødt kylling må knekke skallet, du må også knekke dine egne kjødelige tanker for å forstå og komme inn i den spirituelle virkeligheten.

For eksempel, Matteus 6:6 sier, *"Men du, når du ber, da gå inn i ditt lønnkammer og lukk din dør og be til din Fader, som ser i lønndom, han skal lønne deg i det åpenbare."* Hvis du skulle tolke dette verset bokstavlig, vil du alltid måtte be i ditt rom. Men, du kan ikke finne noen av troens forfedre be i deres rom i all hemmelighet.

Jesus ba ikke i Hans rom, men på en fjellside ved å være natten over (Lukas 6:12), og på et isolert sted tidlig på morgenen (Markus 1:35).

I tillegg, Daniel ba tre ganger på dagen med vinduene åpne mot Jerusalem (Profeten Daniel 6:10) og apostelen Peter ba på taket (Apostlenes Gjerninger 10:9).

Så hva menes det så når Jesus sier, "Gå til ditt innerste rom, lukk din dør og be?"

Her, et "rom" symboliserer spirituelt hjertet til en person. Så å gå in til ditt innerste rom menes å passere dine tanker og gå dypt inn til ditt hjerte, akkurat som du vil passere en stue eller et bad på vei til et rom innerst inne. Bare da kan du be med hele ditt hjerte.

Når du går til ditt innerste rom, er du isolert fra utsiden. Akkurat som når du ber, hvor du må blokkere alle unødvendige tanker, bekymringer og engstelser og be med hele ditt hjerte.

Derfor må du ikke spise kjøttet til Menneskesønnen rått. Du burde ikke tilbe Guds ord bokstavelig. Det vil si, du bør tolke Guds ord spirituelt ved inspirasjon av den Hellige Ånd.

Andre, ikke spis Guds ord kokt i vann

Hva betyr "Ikke spis kjøtt som er kokt i vann?" Det menes at vi ikke skal tilsette noe til Guds ord, men spise de rent.

Det er ikke riktig å forkynne Guds ord og mikse det inn med politikk, fortellinger og samfunnet, eller ordtak fra beundrede eller historiske individer.

Gud, som skapte himmelene og jorden og kntrollerer

menneskehetens liv og død, velsignelser og forbannelse, er allmektig og mangler ikke noe. Paulus 1. Brev til Korintierne 1:25 sier, *"For Guds dårskap er visere enn menneskene, og Guds svakhet er sterkere enn menn."* Dette er skrevet ned for å bevise overfor deg at til og med den klokeste og mest utmerkete personen ikke kan bli sammenlignet med Gud.

Du kan ikke preke om alt som er dekket i Bibelen i din livstid. Hvordan våger du så å blande menneskenes ord og Guds ord når du forkynner om budskapet?

Menneskers ord forandres ettersom tiden går. Selv om de prater sannhet, har de allerede blitt sagt i Bibelen, og de er sagt med Guds visdom.

Derfor, din første prioritet skulle bli med Guds rene ord når du forkynner om Bibelen. Selvfølgelig kan di gi noen parabeller eller illustrasjoner for å få mennesker til å forstå Guds ord og for at de kan lettere forstå den spirituelle verden.

Du må forstå at bare Guds ord er evig og den perfekte og fullstendige sannheten som fører deg til evig liv. Derfor,skal du ikke spise Hans ord kokt i vann

Tredje, du må spise Guds ord stekt over flamme

Hva betur det å "steke det med flammer, både dens hode og ben sammen med dens innvoller?" (2. Mosebok 12:9) Det menes at du skal gjøre Guds Ord, kjøttet til Menneskesønnen, til din spirituelle mat helt uten å etterlate noe.

For eksempel, noen mennesker tviler på det fakta at Moses

delte Røde Havet. Noen mennesker prøver ikke engang å lese den Tredje Mosebok på grunn av ofrene i det Gamle Testamentet er vanskelige å forstå. Noen andre mennesker sier at miraklene som Jesus utførte er vanskelige å tro på og tror at de miraklene kunne bare skje for 2,000 siden. De utelater mange ting som ikke passer inn i menneskenes tanker og prøver bare å trekke ut morale lærdommer.

De bekymre seg ikke for å tenke på slike ord som "Elsk din fiende," eller "Unngå all form for ondskap" fordi de ordene virket altfor vanskelig for dem å adlyde. Kan det bli mulig for dem å bli reddet?

Derfor bør du ikke bare ta det du vil ifra Bibelen som de dumme menneskene gjør. Du bør spise alle ordene i Bibelen helt stekte over ilden fra Første Mosebok gjennom Johannes' åpenbaring.

Hva betyr så, med å spise Guds ord "stekt over flammer?" Flammene her refererer til flammene til den Hellige Ånd. Du bør bli fylt og inspirert av den Hellige Ånd når du leser og lytter til Guds ord fordi det er skrevet gjennom inspirasjon av den Hellige Ånd. For øvrig, er det bare kunnskap, ikke spirituell mat.

For å kunne spise Guds ord stekt med ild, må du be lidenskapelig. Bønner tjener som olje for å bli en kilde til rikdommen til den Hellige Ånd. Hvis du spiser Guds ord ved inspirasjonen til den Hellige Ånd, er det søtere enn honning. Du vil heller aldri kjede deg til og med hvis preken er veldig lang, for den er så vidunderlig og du elsker å høre på Guds ord akkurat som et tørst dådyr som leter etter en vannbekk.

Detter er hvordan du kan spise Guds ord stekt med ilden. Bare på denne måten vil du forstå Guds Budskap, gjøre det til ditt spirituelle kjøtt og blod, og virkeliggjøre og følge Guds vilje. Det er slik du skaper ånden ved den Hellige Ånd, øker din tro, og få tilbake den tapte bilde av Gud ved å forstå menneskenes hele forpliktelse.

Men de som spiser Guds ord med deres egne tanker uten å steke det over ilden føler at Guds ord allikevel er kjedelig, og de kan ikke huske det på grunn av at de lyttet med sløve tanker. De kan verken vokse spirituelt eller motta et virkelig liv.

Fjerde, du bør ikke forlate Guds ord til mornigen

Hva betyr det å "Ikke forlate noe av det til morningen; hvis noe er forlatt til morningen, du må brenne det?"

Det menes at du skal spise kjøttet til Menneskesønnen, Guds ord i løpet av natten. Verden som du lever i nå er en mørk verden kontrollert av djevelen, og det kan bli uttrykket spirituelt som natt eller nattid. Når vår Herre kommer tilbake, alle formørkelsene vil forsvinne og alt vil komme tilbake; det vil bli morgen, verdens lys.

Derfor, "ikke la noe være tilbake til morningen" betyr at du skal lære Guds ord for å forberede deg selv som en brud for vår Herre før Han kommer tilbake.

I tillegg, om Herrens tilbakekomst er nær, lever du bare 70 eller 80 år, og du vet ikke når du vil møte Herren. Til du møter Herren, vokser du spirituelt til den grad at du spiser kjøttet og drikker blodet til Menneskesønnen. Så du bør lære Guds ord omhyggelig og vokse spirituelt.

Hvis du har Faderens tro ved å hele tiden øke din åndelig kunnskap, vil du få ære akkurat som den skinnende solen nær Guds trone i Hans kongerike fordi du kjenner til Gud som kommer fra begynnelsen, som kultiverte de ni fruktene til den Hellige Ånd og Salighetene, og ligner på Guds speilbilde.

Drikking av Blodet til Menneskesønnen

For å kunne opprettholde livet, må du spise mat og drikke vann. Hvis du ikke får noe vann, maten kan ikke bli fordøyet og du vil dø. Når mat går inn i maven sammen med vannet, blir de fordøyet, næringsstoffene er absorbert, og avfallet er utskilt.

På samme måte, når du spiser kjøttet til Menneskesønnen, hvis du ikke drikker blodet til Menneskesønnen, kan du ikke fordøye det. Derfor kan du få evig liv bare ved å spise kjøttet til Menneskesønnen sammen men drikking av blodet til Menneskesønnen.

"Drikking av blodet til Menneskesønnen" er å putte Guds ord i handling med troen. Etter at du hører på Guds ord, det er veldig viktig å handle deretter, og dette er troen. Hvis du ikke handler i samsvar med Guds ord etter at du har lyttet til det og kjenner det, er det unødvendig å lytte til det i det hele tatt.

Måten næringsstoffer er absorbert og avfallet er utskilt når du fordøyer mat, Guds Budskap, sannheten, er absorbert og usannheten er utskilt når du handler i samsvar med Guds ord for å renvaske deres skitne hjerter.

Hva er så "absorbert sannhet" og "utskilt usannhet?" La oss si at du har lyttet til Guds Budskap, "Hat ikke, men elsk hverandre." Hvis du lager det til din mat og handler deretter, næringsstoffet kalt kjærlighet er absorbert og avfallet kalt hat er utskillt. Ditt hjerte blir automatisk renere og sannere ved å utskille skitne og elendige tanker.

Oppfør Deg i Samsvar Med Guds Budskap Etter At Du Har Lyttet til Det

Men hvis du ikke oppfører deg etter Guds Budskap, drikker du ikke blodet til Menneskesønnen. Derfor, Guds ord er bare en del av kunnskapen i hodet og du kan ikke bli reddet hvis du ikke handler i samsvar med det.

Drikke Menneskesønnens blod, oppføre seg i samsvar med Guds Budskap, kan ikke bli gjort bare ved menneskenes innsats. Du bør ha viljen og forsøket til å handle i samsvar med Hans Budskap, og så motta Guds ære, makt, og hjelpen til den Hellige Ånd ved å be lidenskapelig.

Hvis du kan bli kvitt synd ved egen innsats hadde ikke Jesus behøvd å bli korsfestet, og Gud hadde ikke trengt å sende den Hellige Ånd.

Jesus Kristus var korsfestet for å tilgi dine synder på grunn av at du ikke kan løse problemet vedrørende synden på egen hånd, og Gud har sendt den Hellige Ånd for å hjelpe deg å forandre ditt skitne hjerte til et rent hjerte.

Den Hellige Ånd, Guds ånd, hjelper Guds barn til å leve innenfor sannheten og rettferdigheten. Derfor, ved hjelp av den

Hellige Ånd, Guds barn skal leve i samsvar med Guds ord og bli kvitt deres synder og motta Guds kjærlighet og velsignelse.

Få Tilgivelse Bare Ved å Spasere i Lyset

For å si at du spiser kjøttet og drikker blodet til Menneskesønnen, menes at du handler i lyset i samsvar med Guds Budskap. Til hvilken handling refererer de så? Du må samarbeide i lyset. Du forlater mørket og handler i lyset når du spiser kjøttet til Menneskesønnen, fordøyer det, og lager et sannferdig hjerte. Når du handler i lyset, blodet til Herren renser dine synder fra din fortid, nåtiden, og fremtiden.

Selv om du har synder som ikke er fjernet ennå, når du angrer på det med hele ditt hjerte foran Gud, dine synder kan bli tilgitt av Guds nåde. De som virkelig tror på Gud og prøver å utføre rettferdigheten i deres hjerter er ikke syndere mere, men rettferdige mennesker, og de kan bli reddet og motta evig liv.

Gud Er Lyset

Johannes' 1. Brev 1:5 sier at *"Og dette er det budskap som vi har hørt av ham og forkynner eder, at Gud er lys, og det er intet mørke i ham."*

Apostelen Johannes, som skrev Johannes 1. brev, var opplært direkte av Jesus, som hadde kommet direkte til hans verden og ble lyset i hans verden og fant Guds vei.

Derfor sies det om Jesus i Johannes' Evangeliet 1:4-5, *"I ham var liv, og livet var menneskenes lys. Og lyset skinner i mørket, og mørket tok ikke imot det."* Jesus erklærte seg selv, *"Jeg er veien, og sannheten, og livet; ingen kommer til Faderen uten å gå gjennom Meg"* (Johannes' Evangeliet 14:6).

Jesus' disipler vitnet derfor til faktumet at "Gud er Lyset" gjennom Jesus, og budskapet som de forkynnet til deg er "Gud er Lyset."

Lyset Betyr Spirituelt Sannheten

Hva er så "lyset?" Spirituelt menes lyset sannheten og sannheten er det motsatte av mørket.

Gud forteller oss i Paulus Brev til Efeserne 5:8, *"For dere var fordum mørke, men nå er dere lys i Herren; vandre som Lyse's barn."* De som lytter til budskapet om at "Gud er lyset" og lærer sannheten fra Gud, kan skinne og lyse i denne verden, på samme måte som lyset driver mørket vekk.

Lysets barn som handler I samsvar med sannheten bærer lysets frukt. Derfor står det i Paulus' Brev til Efeserne 5:9, *"For lysets frukt viser seg i all godhet og rettferdighet og sannhet."*

Den spirituelle kjærlighet beskrevet i Paulus 1. brev til korintierne 13 og frukten til den Hellige Ånd som kjærlighet, glede, fred, tålmodighet, vennlighet, godhet, trofasthet, forsiktighet, og selvbeherskelse er lysets frukt.

Derfor, lys refererer til alle ord om sannhet og godhet, rettferdighet, og kjærlighet som "elsk hverandre, be, behold Helligdagen, hold på de Ti Kommandoene" som Gud forteller deg om i Bibelen.

Mørket Spirituelt Menes Synd

Mørket refererer til en tilstand hvor det ikke er noe lys, og det betyr spirituelt synd.

Alle usanne ting, som er det motsatte av sannheten, er slike ting som er skrevet i Paulus Brev til Romerne 1:28-29, *"Og like som de ikke brydde seg om å eie Gud i kunnskap, så overgav Gud dem til et sinn som intet duer, så de gjorde det usømmelig: fulle av all uretferdighet, vanart, havesyke, ondskap; fulle av avind, mord, trette, svik, list."* Alle disse er mørket.

Bibelen sier at du må bli kvitt alle ting som tilhører mørket, sånn som stjeling, mord, utroskap og all slags ondskap.

På den ene side, noen mennesker hevder at de er Guds barn, selv om de ikke adlyder hva Gud ber dem gjøre eller beholde, men gjør ting som Gud ikke vil de skal gjøre eller kaste ut. Dette market er kontrollert av djevelen og Satan og det tilhører denne verden, så det kan aldri komme sammen med lyset. Dette er hvorfor de som handler i mørket hater lyset og lever borte fra det.

På den annen side, Guds sanne barn, som er lyset og hvor det ikke er noe mørket, må bli kvitt mørket og handle i lyset. Bare da, kan du kommunisere med Gud og la alt gå bra i din fremtid.

Bevis av å Ha et Fellesskap med Gud

Vanligvis er det et veldig nært fellesskap basert på kjærlighet mellom foreldrene og deres barn. På samme måte, er det en selvfølge for deg – som tror på Jesus Kristus – å ha et fellesskap med Gud som er din ånds Fader (Johannes' 1. Brev 1:3). Fellesskap her menes ikke bare en som kjenner den andre, men at de begge kjenner hverandre godt. Du kan ikke si at du har et fellesskap med presidenten bare på grunn av at du vet mye om ham. Det er det samme med ditt fellesskap med Gud. For å kunne ha et virkelig fellesskap med Gud, må du kjenne Ham like godt som Han kjenner og gjenkjenner deg.

Johannes' 1. Brev 1:6-7 sier, *"Dersom vi sier at vi har samfund med Ham, og vandrer i mørket, da lyver vi og gjør ikke sannheten; men dersom vi vandrer i lyset, likesom han er i lyset, da har vi samfund med hverandre, og Jesu, Hans Sønns blod renser oss fra all synd."*

Dette menes at du har et fellesskap med Gud bare når du blir kvitt syndene og handler i lyset. Hvis du sier at du har et fellesskap med Gud mens du fremdeles handler og lever i mørket, er det en løgn.

Å ha et fellesskap med Gud menes å ha en spirituell og sann fellesskap, ikke bare å ha en ugudelig fellesskap ved å kjenne Ham bare med kunnskapen i ditt hode. Du må også selv være lyset for å kunne ha fellesskap med Gud på grunn av at Han er lyset. Den Hellige Ånd, Guds hjerte, lærer deg klart om Guds vilje til den utstrekning at du beholder sannheten, slik at du kan ha dypere forbindelse med Gud når du leser om Guds ord og ber.

Hvis Du Spaserer i Mørket

Du lyver hvis du påstår at du har fellesskap med Gud, men spaserer i mørket og begår synder. Du spaserer ikke i sannheten, og du vil til sist gå mot døden.

I 1. Samuels-bok 2, sønnen til presten Eli handlet i ondskap og begikk synder. Han skulle ha straffet dem, men Eli bare advarte dem, "Hvorfor gjør du slike ting? Du burde ikke gjøre det."

På slutten, fikk de Guds sinne. To av sønnene til presten Eli døde i en kamp, og Eli falt baklengs av sin stol ved siden av porten; hans nakke brakk og han døde. Guds sinne ble også gitt til hans etterkommere (1. Samuels-bok 2:27-36, 4:11-22).

Derfor som det sies i Paulus' Brev til Efeserne 5:11-13, *"Ha intet å gjøre med mørkets ufruktbare gjerninger, men refs dem heller! For det som lønning drives av dem, er skammelig endog å si. Men når det refses, blir det alt åpenbaret av lyset; for alt som blir åpenbaret, er lys."*

Hvis det er noen som sier at de har et fellesskap med Gud, men som ikke spaserer i lyset, må du råde ham med kjærlighet. Hvis han fremdeles ikke kommer til lyset, må du skjenne på ham for å lede ham til lyset slik at han ikke vil gå mot døden.

Tilgivelse Bare Ved å Spasere i Lyset

Det er en lov i denne verdenen og når noen bryter den, vil han bli straffet i samsvar med omfanget av handlingen. Men, han kan ikke hjelpe å føle seg skyldig i hans samvittighet, på grunn av at skaden allerede er gjort selv om han betalte for hva han har gjort galt og ble straffet.

Likesom du fremdeles har den syndige nature i ditt hjerte selv om du aksepterer Jesus Kristus, får dine synder tilgitt, og er erklært rettferdig. Det er derfor at Gud ber deg om å omskjære ditt hjerte slik at ikke engang din samvittighet føler seg skyldig.

Som det sies i Profeten Jeremias 4:4, *"Omskjær dere for Herren, og ta bort deres hjertes forhud, i Judas menn og Jerusalems innbyggere, for at ikke min harme skal fare ut som ild og brenne, uten at noen slukker, for deres onde gjerningers skyld,"* omskjæring av hjerte menes å kutte av skinnet til ditt hjerte.

Kutte vekk skinnet til ditt hjerte betyr å følge hva Gud sier i Bibelen slik som, "Gjøre," "Ikke gjøre," "Beholde," eller "Kaste bort." Med andre ord, det betyr å drive vekk alt som går imot Guds ord slik som usannhet, ondskap, urettferdighet, ulovlighet, og mørket. Rense deres hjerte og fylle dem med sannhet.

Derfor må du forsiktig lage Guds ord til din mat, absorber næringsstoffene ved å handle deretter, og utskille avfallet til ondskapen og usannheten som tilhører mørket. Når du omskjærer ditt hjerte, kan du vokse opp spirituellt.

Når du blir et spirituelt og sannferdig menneske og utskiller synden og ondskapen som avfall, har du et fellesskap med Gud. Da kan blodet til Jesus Kristus rense dine synder siden du nå har dette fellesskap.

Derfor skulle du ikke bare akseptere Jesus Kristus og bli erklært rettferdig, men også skifte til en sann rettferdig mann ved å spise kjøttet, drikke blodet til Menneskesønnen, og omskjære ditt hjerte.

En Sann Tro Er En Tro Fulgt Med Handling

Til din overraskelse, ser du mange mennesker som ikke virkelig forstår betydningen av troen. Noen sier, "Hvorfor går du ikke bare til kirken? Du kan fremdeles bli frelst." Hvis du lytter til Guds ord og kjenner til det, men ikke handler deretter, er det bare troen som er en form for kunnskap i ditt hode, ikke den virkelige troen. Du kan ikke bli frelst på denne måten. Hvilken tro er det Gud anerkjenner? Hvordan kan du bli frelst av troen?

Sann Angerfølelse Forlanger At Du Forlater Syndene

Apostelen Johannes' Første Brev 1:8-9 *"Dersom vi sier at vi ikke har noen synd, da dårer vi oss selv, og sannheten er ikke i oss. Dersom vi bekjenner våre synder, er han trofast og rettferdig, så han forlater oss syndene og renser oss fra all urettferdigheten."*
Hva menes det så med å tilstå dine synder?
Hva hvis Gud forteller deg, "Hvis du går østover finner du evig liv, så gå østover." Men hvis du fortsetter med å gå vestover og sier, "Gud, jeg bør gå østover, men jeg går vestover, så vær så snill og tilgi meg," dette er ikke en innrømmelse. Dette har ikke med å tro på Gud eller å frykte Ham, men gjelder heller om å håne Ham. Sann angerfølelse er ikke gjort bare ved å si at du tilstår dine synder, men også med å gå helt vekk ifra syndene i dine handlinger. Bare da mottar Gud det som en tilståelse og gir

deg tilgivelse.

Måten du vil dø på hvis du ikke spiser noe mat fordi om du vet at du må spise for å leve, er du ikke renset gjennom Herrens blod hvis du bare tilstår dine synder men ikke snyr helt ryggen til dem.

Tro uten Handling Er Ikke Levende Tro

I Jacobs Brev 2:22, står det, *"Du ser at troen virket sammen med hans gjerninger, og at troen ble fullkommen ved gjerningene."* Vers 26 sier videre: *"For likesom legemet er dødt uten ånd, så er og troen død uten gjerninger."*

Mange mennesker går i kirken på grunn av at de har hørt at det er en himmel og et helvete. Men siden de i deres hjerter ikke virkelig tror på dette faktum, handlinger er ikke ledsaget. Dette er bare kunnskapen om troen og ikke levende tro.

I tillegg, hvis du sier at du tror mens du fremdeles lever med synder, hvordan kan du si at du tror? Bibelen sier at synder som blir gjort med vilje er verre enn synden som blir gjort uten kunnskapen.

Når du sier, "jeg tror" uten noen form for handling, tror du kanskje at troen, men Gud kjenner ikke til denne troen som en sann tro.

Isralittene som kom ut av Egypt erfarte mange av Guds arbeid. Gud delte Røde Havet, ga dem manna og vaktel, og vernet dem med søyler av skyer på dagen og søyler av flammer på natten.

Men, når Gud kommanderte dem om å spionere på Canaan

landet, bare Joshua og Kaleb trodde på Guds ord og makt. Som resultat, isralittene som ikke adlød Gud på grunn av at de ikke hadde sterk nok tro til å gå inn til Canaan, hadde 40 år med prøver i villmarken og døde der til slutt.

Du må forstå at det er meningsløst hvis du ikke tror eller handler i forhold til Guds ord fordi om du opplever og erfarer så mye av Guds arbeide. Tro er fullført med handlinger.

Bare De som Overholder Loven Er Gjort Rettferdige

Gud forteller oss i Paulus Brev til Romerne 2:13 at *"For ikke de som hører loven, er rettferdige for Gud, men de som gjør etter loven, skal bli rettferdiggjort."*

Du er ikke rettferdig bare ved å delta i gudstjeneste og ved å høre på budskapene. Du blir rettferdig bare når ditt falske hjerte forandres til et sannt hjerte ved å handle i samsvar med Guds Ord.

Noen sier at du kan bli frelst bare ved å kalle Jesus Kristus "Herre" i ord, men misforstår Paulus Brev til Romerne 10:13, *"For hver den som påkaller Herrens navn, skal bli frelst."* Men det er absolutely helt galt. Som det sies i Esaias 34:16, *"Se etter i Herrens bok, og les: Ikke et av disse dyr skal mangle, det ene skal ikke savne det annet. For hans munn byder det, og hans Ånd samler dem,"* Guds ord er likestilt, og blir perfekt bare hvis det blir gjengitt av en person med samme tro.

Paulus Brev til Romerne 10:9-10 sier, *"For dersom du med din munn bekjenner at Jesus er Herre, og i ditt hjerte tror at*

Gud oppvakte ham fra de døde, da skal du bli frelst; for med hjerte tror en til rettferdighet, og med munnen bekjenner en til frelse."

Bare de som virkelig har sann tro i deres hjerte om at Jesus gjenoppsto kan gi deres tilståelse med deres sanne ord på grunn av at de lever på vegne av Guds Ord. De vil bli frelst når de tilstår med deres sanne tro og blir stadig mere rettferdig, men de som ikke tilstår med denne troen kan ikke bli frelst.

Det er derfor at Jesus sa i Matteus' Evangeliet 13:49-50, *"Således skal det gå til ved verdens ende: Englene skal gå ut og skille de onde fra de rettferdige og kaste dem i ildovnen; der skal være gråt og tenners gnissel."* Her refererer "rettferdige" til alle de som gjenkjenner Gud og påstår at de har tro. "Separere den onde fra den rettferdige." menes at de som ikke handler ifølge Guds ord kan ikke bli frelst fordi om de deltar i kirken og lever et kristelig liv.

Gud Vil Virkelig ha Omskjæring av Hjerte

Gud vil at Hans barn skal være hellige og perfekte. det er derfor at Han forteller oss i Peters Første Brev 1:15, *"Men vær, etter den Hellige som kalte dere, også i hellige i all deres ferd"* og i Matteus 5:48, *"Derfor vil du bli perfekt, akkurat som din himmelske Fader er perfekt."*

Under det Gamle Testamente tiden, mennesker ble reddet av handlinger etter representasjon av hva som skulle komme, men under det Nye Testamentets tider når Jesus Kristus utførte loven med kjærlighet, blir du frelst med troen.

"Å bli frelst med lovens handlinger" menes at fordi om du har, for eksempel, et skittent hjerte for å myrde, hate, begå utroskap, løgner, o.s.v., er det ikke betraktet som synd hvis det ikke har utført det i handling.

Gud fordømte ikke folk i det Gamle Testamentets tider, unntatt hvis de utførte de gale handlingene på grunn av at de ikke selv kunne kaste bort sine synder uten den Hellige Ånd. Men under det Nye Testamentets tider, er du frelst bare når du omskjærer ditt hjerte i troen med hjelp av den Hellige Ånd, for den Hellige Ånd har kommet til deg. Den Hellige Ånd gjør deg oppmerksom på forskjellen mellom synd og rettferdighet, og Dommen, og gjør det mulig for deg å leve etter Guds Ord. Du kan derfor kvitte deg med løgnene og omskjære ditt hjerte ved hjelp av den Hellige Ånd.

Du må være klar over at Gud virkelig ber deg om å omskjære ditt hjerte, bli kvitt synder, bli hellig, og delta i den gudommmelige natur. Apostelen Paulus kjente til Guds vilje og lærte om omskjæring av hjerte, ikke av kjøttet (Paulus Brev til Romerne 2:28-29). Han rådet deg til å motstå til den grad at du blør i din kamp mot synden, med dine øyne fikserte på Jesus, den feilfrie troen (Brevet til Hebreerne 12:1-4).

Jeg håper at du har en sann tro og gode handlinger og at du vet at du ikke kan komme inn i himmelen bare ved å rope ut "Herre, Herre," men bare ved å spasere i lyset og ved å omskjære ditt hjerte.

9. Kapittel

Å BLI FØDT AV VANN OG ÅNDEN

- Nikodemus Kommer til Jesus
- Jesus Hjelper Nikodemus' Spirituelle Forståelse
- Når En Er Født av Vann og Ånd
- Tre Vitner: Ånden, Vannet, og Blodet

Og det var en mann av fariseerne som hette Nikodemus, en av jødenes rådsherre; han kom til ham om natten og sa til ham: Rabbi! Vi vet at du er en lærer kommet fra Gud; for ingen kan gjøre disse tegn som du gjør, uten at Gud er med ham." Jesus svarte og sa til ham: "Sannelig, sannelig sier jeg deg: Uten at noen blir født på ny, kan han ikke se Guds rike." Nikodemus sier til ham: "Hvorledes kan et menneske fødes når han er gammel? Kan han vel annen gang komme i sin mors liv og fødes?" Jesus svarte og sa til ham: "Sannelig, sannelig sier jeg deg: Uten at noen blir født av vann og Ånd, kan han ikke komme inn i Guds rike."

Johannes' Evangeliet 3:1-5

Gud sente Jesus Kristus, Hans eneste Sønn, og åpnet veien til frelse. Den som aksepterer Han mottar rettigheten til å bli Guds barn og nyter et velsignet og evig liv nå og alltid. Men nå for tiden ser du at mange mennesker ikke har denne forsikringen om frelse selv om de har mottat Jesus Kristus. Dessuten har noen mennesker påstått at de har mottatt frelse, men mangler troen om å bli frelset, eller noen andre påstår at de har blitt frelst på grunn av at de har mottatt den Hellige Ånd en gang, men de bryr seg ikke om deres handlinger etterpå.

Nå for å fullføre korsets budskap, la oss være klar over hvordan vi skal nå den perfekte frelse fra det øyeblikket hvor du mottar Jesus Kristus, gjennom fortellingen om Nikodemus.

Nikodemus Kommer til Jesus

På Jesus' tid, fariseerne hadde en høy respekt for Moses' lov, og ble ved å beholde tradisjonene til de eldste. De var religiøse ledere iblandt de valgte isralittene som trodde på Guds høyeste makt, oppstandelsen, engler, den siste dommen, og at Messias skal komme.

Og fremdeles irettesatte Gud dem om igjen og om igjen, ved å si, "Akk og ve til deg, farisere." De, som var hyklere, virket på folk som hellige på utsiden, men på innsiden var de fulle av grådighet og selvtilfredstillelse akkurat som hvitvaskede graver (Matteus 23:25-36).

Nikodemus Hadde et Godt Hjerte

Nikodemus var en av fariserne ved det jødisk høyesteråd kalt Sanhedrin. Men, han forfulgte ikke Jesus i motsetning til andre farisere. I stedenfor trodde han at Jesus hadde kommet fra Gud, ved å se under og tegn som Jesus utførte. Nikodemus ville gjerne vite hvem Jesus var på grunn av at han hadde et godt hjerte.

I Johannes Evangeliet 7:51, Nikodemus spør fariserne som ville gripe Jesus, og forsvarer Ham med å si, *"Vår lov dømmer da vel ikke noen uten at de først har hørt ham og fått vite hva han har gjort?"*

Det kunne ikke ha vært lett å snakke på den måten som et medlem av Sanhedrin på den tiden. Til og med nå hvis regjeringen motarbeider eller erklærer kristendommen ulovlig, embetsmenn kan ikke stå på samme side som kristendommen. På den tiden betraktet isralittene også alle andre religioner som falske unntagen judaisme. Nikodemus visste at han kunne bli bannlyst hvis han stod på samme side som Jesus.

Men fremdeles forsvarte Nikodemus Jesus. Det beviste at han var sannferdig og at han stod fast på hans tro i Jesus.

Johannes Evangeliet 19:39-40 beskriver en scene øyeblikkelig etter at Jesus døde på korset.

Men også Nikodemus kom, han som første gang var

kommet til ham om natten, og han hadde med seg en
blanding av myrra og aloe, omkring hundre pund. De
tok da Jesus legeme og svøpte det i linklær med de
velluktende urter, således som det er skikk hos jødene
ved jordferd.

Derfor trodde Nikodemus at Jesus var en av Guds menn, tjente Gud konstant til og med etter Hans korsfestelse, og fikk frelse med troen i Hans oppstandelse.

Nikodemus Kommer til Jesus

I Johannes' Evangeliet, var det en dialog mellom Jesus og Nikodemus før han forsto sannheten med ånden.

En natt kom Nikodemus til Jesus, og erklærte, *"Han kom til ham om natten og sa til ham: 'Rabbi! Vi vet at du er en lærer kommet fra Gud; for ingen kan gjøre disse tegn som du gjør, uten at Gud er med ham'"* (v. 2).

Nikodemus visste ikke i begynnelsen at Jesus var Messias og Guds Sønn. Men etter at han hadde vitnet om Jesus' mirakler, Nikodemus innså og erklærte at Jesus var Guds mann på grunn av at han hadde en god samvittighet. Gjennom hans gode samvittighet, visste han at det var bare den Allmektige Gud som kunne reise opp de døde, la de blinde se, la krøplingene stå opp, og la de spedalske bli helbredet.

Så hvorfor kom han til Jesus om natten? Han var i likhet med de mennesker som ikke vil delta i kirken åpenlyst på grunn av at de ikke har tillit til Skaperen.

Fordi om Nikodemus hadde et godt hjerte, hadde han ikke en sann tro. Han hadde ikke tillit til Jesus som Guds sønn og Messias, så han besøkte ikke åpenlyst Jesus på dagtid – han gjorde det på natterstid.

Jesus Hjelper Nikodemus' Spirituelle Forståelse

Jesus fortalte Nikodemus, *"Jesus svarte og sa til ham: 'Sannelig, sannelig sier jeg deg: Uten at noen blir født på ny, kan han ikke se Guds vilje'"* (Johannes' Evangeliet 3:3).

Men Nikodemus kunne ikke forstå dette i det hele tatt. Så han spurte igjen, "Hvordan kan en mann bli født når han er gammel?" Han hadde ikke noen spirituell tro, så han undret seg, "En gammel mann dør og blir til jord igjen, så hvordan da kan han bli født igjen?"

Da fortalte Jesus ham om å bli født av vann og Ånden: *"Sannelig, sannelig sier jeg deg: Uten at noen blir født av vann og Ånd, kan han ikke komme inn i Guds rike. Det som er født av kjøttet, er kjøtt, og det som er født av Ånden, det er ånd"* (Johannes' Evangeliet 3:5-6).

Når Nikodemus var nysgjerrig på hva Jesus sa, forklarte Jesus det i en parabell: *"Vinden blåser dit den vil, og du hører den suser; men du vet ikke hvor den kommer fra, og hvor den farer hen; således er det med hver den som er født av Ånden"* (Johannes' Evangeliet 3:8).

Etter Adams' ulydighet, alle menneskers' ånd døde og alle

etterpå ble destinert til å dø. Men en manns ånd gjennopplives etter at den er født av den Hellige Ånd. Idet han blir spirituell, gjenoppretter han Guds speilbilde og blir frelst. men fremdeles forsto ikke Nikodemus hva Jesus mente (Johannes' Evangeliet 3:9). Så han spurte, "Hvordan kan dette være?" Jesus svarte:

Når jeg har sagt dere de jordiske ting, og dere ikke tror, hvorledes skal dere da tro om jeg sier dere de himmelske? Og dog er ingen steget opp til himmelen uten ham som er steget ned fra himmelen, Menneskesønnen, som er i himmelen. Og likesom Moses opphøyet slangen i ørkenen, således skal Menneskesønnen opphøyes, for at hver den som tror på ham, skal ha evig liv (Johannes 3:12-15).

I Fjerde Mosebok 21:4-9, isralittene som hadde blitt ledet ut av Egypt uttalte seg imot Moses på grunn av at deres reise til Canaan ble hardere og hardere å tåle. Da snudde Gud ansiktet og sendte giftige slanger som biter mennesker.

Når de ropte ut om hjelp, ba Gud Moses om å lage en bronse slange og henge den opp på en stolpe. Gud frelset alle de som kikket på det, men sta mennesker døde på grunn av at de ikke engang brydde seg om å kikke på det med mistro.

Å Forstå Guds Ord Spiruelt

Hvorfor ba Gud Moses om å lage en bronse slange og henge

den opp på en stolpe? Fra 1. Mosebok 3:14 vet vi at slangen var forbannet. I tillegg, Paulus Brev til Galaterne 3:13 sier, *"Forbannet er hver den som henger på et tre."* Å putte en bronse slange på en stolpe symboliserer derfor om at Jesus ville bli hengt opp på et tre kors akkurat som en forbannet slange for å befri dem. I tillegg, nøyaktig som når de som så på bronse slangen levde, alle de som tror på Jesus Kristus er frelst.

Nikodemus forsto ikke meningen med Guds ord, på grunn av at han ikke ennå var født av vann og Ånd, og hans spirituelle øyne var ikke ennå åpnet.

Til og med idag, hvis du ikke er født av vann og Ånd og dine spirituelle øyne er åpnet, kan du ikke forstå meningen med det spirituelle budskapet på grunn av at du kanskje vil ta det bokstavelig og misforstå det.

Du må be lidenskapelig for å kunne forstå den spirituelle meningen med Guds ord av inspirasjonen fra den Hellige Ånd. Da vil Guds nåde åpne ditt hjerte, og du kan forstå Guds ord og ha sann tro.

Når En Er Født av Vann og Ånd

Jesus fortalte Nikodemus når han kom på besøk midt på natten, *"Sannelig, sannelig sier jeg deg: Uten at noen blir født av vann og Ånd, kan han ikke komme inn i Guds rike. Det som er født av kjøttet, er kjøtt, og det som er født av Ånden, det er ånd"* (Johannes' Evangeliet 3:5-6).

La oss forstå fult ut meningen med å bli født av vann og Ånden. Hvordan ka du bli født om igjen av vann og Ånden og oppnå frelse?

Vann Symboliserer Vannet og Evig Liv

Vann lindrer din tørste og jevner ut de innerste organene til kroppen. Det renser også din kropp både utvendig og innvendig. Sådan sammenlignet Jesus vannet til det evige liv til vannet for å forklare at det renser deg og bringer liv.

Jesus forteller oss i Johannes' Evangeliet 4:14, *"Men den som drikker av det vann jeg vil gi ham, skal alle i evighet tørste, men det vann jeg vil gi ham, blir i ham en kilde med vann som veller frem til evig liv."*

Hvis du drikker vann, tørster du ikke på en stund, men etterhvert vil du bli tørst igjen. Vann i denne hellige skrift betyr evig vann. Alle de som drikker vannet til Jesus vil aldri igjen bli tørste. Nemlig, "en vannkilde som spruter opp til evig liv" gir evig liv.

Johannes Evangeliet 5:54-55 sier, *"Den som eter Mitt kjøtt og drikker Mitt blod, har evg liv, og jeg skal oppreise ham på den ytterste dag. For Mitt kjøtt er sann mat, og Mitt blod er sann drikke."* Det vil si, Jesus' kjøtt og Hans blod er evig vann.

Dessuten, Hans "kjøtt" refererer til ordet i Bibelen på grunn av at Jesus er Ordet som kom til verden som menneske. Spising av Hans kjøtt refererer til Hans ord i ditt sinn ved å lese Bibelen.

Jesus' blod er livet, og livet er sannheten. Sannheten er Kristus, og Kristus er Guds makt. Alle disse er Jesus blod. Siden

Guds' makt kommer med troen, drikking av Jesus blod menes å adlyde Hans ord med troen.

Du lærte at vannet spirituelt symboliserer Jesus' kjøtt – dette er Guds' ord og Guds' lam. Måten vannet renser din kropp, Guds ord vasker de skitne ting vekk fra ditt hjerte.

Det er derfor du er døpt med vann i kirken, og dåpen symboliserer at du er et av Guds barn og tilgitt dine synder. Det menes også at du skal meditere ved Guds ord og bli renset med det hver dag.

Født Igjen Med Vann

Hvordan kan du så vaske bort skitt fra ditt hjerte med Guds ord som er evig liv?

Det er fire typer kommandoer som Gud gir oss: "Gjøre," "Ikke gjøre," "Beholde noe," og "Kaste bort noe." For eksempel, Gud fortalte deg ikke å gjøre slike ting som misunnelse, hat, dømme, stjele, utroskap, og mord.

På samme måte må du ikke gjøre det som er forbudt og på samme tid, du bør kaste bort alle slags onde saker. Du bør også holde helligdagene hellige, forkynne evangeliet, be, og elske hverandre. Ditt hjerte vil da gradvis bli fylt med sannheten ved hjelp av den Hellige Ånd, og Guds ord vil skylle bort dine urettferdigheter eller dine synder. På denne måten kan ditt hjerte bli omskjært og forvandlet til sannheten ved å handle i samhold med Guds ord, og dette er å "bli født av vann."

For å kunne motta full frelse, skulle du ikke bare akseptere Jesus, men også omskjære ditt hjerte ved å adlyde Guds ord hvert sekund av ditt liv.

Født Igjen Med Ånden

For å motta frelse, bør du være født av vann og av Ånden også. Hvordan kan du bli født av Ånden? I Apostlenes Gjerninger 19:2, apostelen Paulus spurte noen disipler, *"Fikk dere den Hellige Ånd da dere kom til troen?"* Hva betyr det å motta den Hellige Ånd?

Den første mannen Adam, besto av "ånd," "sjel," og "kropp" (Paulus 1. brev til tessalonikerne 5:23), men hans ånd døde som et resultat av ulydighet. Så ble han et menneske som ikke er noe bedre enn dyr skapt av sjel og kropp (Predikerens Bok 3:18).

Hvis du vender deg bort fra dine synder, erkjenner at du er en synder, vil Gud gi deg den Hellige Ånd i gave og som et tegn på at du er Hans barn (Apostlenes Gjerninger 2:38).

Hvert av Guds barn, som mottar den Hellige Ånd, kan skille mellom godt og ondt ved Guds ord og for å leve i overensstemmelse med Guds ord og å leve i samsvar med Guds ord etter Guds makt og styrke fra himmelen gjennom deres lidenskapelige og uavbrutte bønner.

På denne måten, forandrer du deg til sannheten og får spirituell tro til den grad at du begynner å tro på ånden gjennom den Hellige Ånd. I Johannes' Evangeliet 3:6 står det, *"en som er født av kjødet, er kjød, og det som er født av Ånden, er ånd."*

Å Bli et Meneske av Ånden Etter den Hellige Ånd

Når du er født av vannet og den Hellige Ånd, har du fått et borgerskap i himmelen (Paulus' Brev til Filipperne 3:20). Som Guds' barn deltar du i gudstjenester, priser Han med glede, og kjemper for å leve i lyset.

Før du mottok den Hellige Ånd, bodde du i mørket på grunn av at du ikke kjente sannheten. Men, etter at du mottar den Hellige Ånd, prøver du å leve i lyset.

Ettersom tiden går, finner du ut at mens du har glede i ditt hjerte, kjemper du hele tiden innvendig. Det er på grunn av Åndens lov som følger den Hellige Ånds kamp mot naturens syndige lov som har forfulgt begjæret til et syndelig menneske, lysten i hans øyne, og livets stolthet (Johannes 1. Brev 2:16).

Apostelen Paulus snakket om denne kampen: *"For jeg har lyst til Guds lov etter mitt invortes menneske, men jeg ser en annen lov i mine lemmer, som strider mot loven i nitt sinn og tar meg til fange under syndens lov, den som er i mine lemmer. Jeg elendige menneske! Hvem skal fri meg fra dette dødens legeme?"* (Paulus Brev til Romerne 7:22-24)

Når du er født av vann og Ånden, har du akkurat blitt Guds barn. Det betyr ikke at du er en perfekt spirituell person.

Derfor forteller Paulus' Brev til Galaterne 5:16-17 oss, *"Men jeg sier: Vandre i Ånden, så skal dere ikke fullbyrde kjødets begjæring. For kjødet begjærer imot Ånden, og Ånden imot kjødet; de står hverandre imot, så dere ikke skal gjøre det dere vil."*

For å kunne følge den Hellige Ånd, bør du leve etter Guds

ord og følge Guds vilje akseptabelt og tiltalende til Gud. Hvis du følger Åndens ønsker, vil du derfor ikke bli fristet og vil kunne overvinne djevelen og Satan som frister deg til å følge begjæret til den syndige natur. Du kan leve etter sannheten og vie deg selv trofast til Guds rike og Hans rettferdighet.

Når du følger den Hellige Ånds ønske, er du glad og i fred. Men, du vil bli ynkelig og sørgelig når du følger ønske til naturens synder.

Ettersom din tro modner, kan du kaste vekk alle dine synder og følge ønske til den Hellige Ånd i alle anledninger. Begjæret i deg som vil følge den syndige natur vil forsvinne. Dessuten trenger du ikke mere å kjempe for å kaste vekk synder og å bli ynkelig. Du kan alltid bli glad under alle omstendigheter.

Gud er tilfreds med de som lever etter Åndens ønsker. Han gir dem deres hjerters ønske som Han lovte oss i Salmenes Bok 37:4, *"Gled deg i Herren! Så skal han gi deg hva ditt hjerte attrår."*

Hvis du endrer ditt hjerte til en som bare er fylt med sannhet, blir Gud veldig fornøyd med deg og gjør alt mulig for deg. Jeg håper at du blir født av vann og Ånden, og leve etter Åndens ønsker.

Tre Vitner: Ånden, Vannet, og Blodet

Som jeg allerede forklarte, må du bli født av vannet og Ånden for å bli frelst. Men for å motta full frelse, må du bli renvasket fra syndene med Jesus blod ved å spasere i lyset.

Hvis ditt hjerte ikke er renset, vil du fremdeles ha synder. Derfor trenger du Jesus kristus blod for å bli renset fra den resterende synden.

På dette, Johannes 1. Brev 5:5-8 forteller oss følgende:

> *Hvem er den som seirer over verden, uten den som tror at Jesus er Guds Sønn? Han er den som kom med vann og blod, Jesus Kristus; ikke bare med vannet, men med vannet og med blodet. Ånden er den som vitner, for Ånden er sannheten. For det er tre som vitner: Ånden og vannet og blodet, og disse tre går ut på ett.*

Jesus Kommer med Vann og Blod

Johannes' Evangeliet 1:1 sier at *"Ordet var Gud"* og Johannes' Evangeliet 1:14, *"Og ordet ble kjød og tok bolig iblandt oss, og vi så Hans herlighet – en herlighet som den enbåren sønn har fra sin far – full av nåde og sannhet."* Det vil si, Jesus, Guds eneste Sønn og selve Guds Ord, kom til jorden som menneske for å tilgi våre synder. Til og med i dag, fortsetter Han å renvaske oss med Guds ord – Bibelen.

Men du kan ikke leve med Guds ord uten hjelp av den Hellige Ånd. Det er umulig å kaste bort syndene bare ved din egen makt. Du skal motta hjelpen til den Hellige Ånd gjennom lidenskapelige bønner slik at du kan fjerne begjæret til den syndige natur, dine øynes begjær, og livets stolthet. Bare da kan du jage vekk mørkets løgn fra ditt hjerte.

I tillegg trenger du å blø for å bli tilgitt. I Hebreerne 9:22 sies det at *"Og nesten alt blir etter loven renset med blod, og uten blod blir utgitt, skjer ikke foraltelse."* Du trenger Jesus' blod fordi bare Hans uskyldige og rene blod vil gi deg tilgivelse.

Du må tro på Jesus som kommer i vann og blod, og motta den Hellige Ånd som en gave fra Gud for å få frelse, hvor du trenger disse tre: Ånden, Vannet, og Blodet.

Hvis det ikke er noe blødning, er det ikke noe tilgivelse og du er fremdeles i synd. Du trenger ikke bare ordet – vannet – for å bli renvasket, men også den Hellige Ånd for å fullstendig leve etter hans ord. Så disse tre er i overensstemmelse.

Derfor bør vi akseptere Jesus Kristus etter at våre synder er blitt tilgitt, fortsette med å bli født av vannet og Ånden for å oppnå perfekt frelse, forståelse om fakta at de tre Åndene, vannet og blodet sammen frelser oss og fører oss til himmelen.

10. Kapittel

HVA ER KJETTERI?

- Den Bibelske Definisjonen av Kjetteri
- Sannhetens Ånd og Forsyndelsens Ånd

Men det oppsto også falske profeter blandt folket, likesom det og skal komme falske lærere, som skal lure inn vrange lærdommer som leder til fortapelse, idet de endog nekter den Herre som kjøpte dem, og fører over seg selv en brå fortapelse. Og mange skal følge dem etter i deres skamløshet, og for deres skyld skal sannhetens vei bli spottet, og av have syke skal de med oppdiktede ord utnytte dere til sin vinning. Men dommen over dem er fra gammel tid ikke ørkesløs, og deres fortapelse sover ikke.

Peters Andre Brev 2:1-3

Ettersom sivilasjonen utviklet seg mere og mere materialistisk, folk begynte å nekte Gud på grunn av at de var avhengig av deres visdom og kunnskap. Ettersom syndene har spredd seg, menneskenes ånd ble mørkere og mennesker ble korrupte. Mange mennesker er derfor bedratt av løgner, på grunn av at de ikke kan se forskjell på hva som er sant og hva som er falskt. De gjør også feil ved å dømme andre mennesker basert på deres egne rettferdige kunnskaper og teorier.

I Matteus 12:22-32, helbredet Jesus en mann som var besatt av djevelen som hadde vært blind og stum. Men når fariserne hørte om dette, sa de, *"Det er bare ved Be'elsebul, de onde ånders fyrste, han driver de onde ånder ut"* (v. 24) De anså at Guds arbeide hadde blitt utført av en djevel.

Jesus sa til dem i Matteus 12:31-32, *"Derfor sier jeg dere: Hver synd og bespottelse mot Ånden skal bli forlatt. Og om noen taler et ord mot menneskesønnen, det skal bli ham forlatt; men om noen taler mot den Hellige Ånd, det skal ikke bli ham forlatt, hverken i denne verden eller i den kommende."*

Fariserne konkluderte at det Jesus hadde gjort med Guds makt var djevelens arbeide. Dette er blasfemi som motarbeider den Hellige Ånd. Disse fariseerne kunne derfor ikke på noen måte bli tilgitt.

Hvis du atskiller tydelig mellom sannhet og løgn etter Bibelen, vil du ikke dømme andre mennesker eller bli bedratt av hva som er falskt.

La oss forske videre om "kjetteri" fra Guds synspunkt, hvordan vi ser forskjell på Guds Ånd og onde ånder, og med noen kjetterske sekter som du behøver være forsiktige med.

Den Bibelske Definisjonen av Kjetteri

Oxford ordboken definerer "kjetteri" som "en tro eller en mening som er imot prinsippene til en spesiell religion." Noen mennesker tror bare på at det de tror på er riktg, og anser andre religioner som kjetteri. For eksempel, for en buddist, bare buddisme er sannheten og den riktige veien: For dem er andre religioner som konfusianisme løgn.

Paulus Var Anklaget som en Kjettersk Sekts Leder

Apostlenes Gjerninger 24:5 sier at *"For vi har funnet at denne mann er en pest og en opvigler blant alle jøder rundt om i verden og en leder for nasareernes sekt."* Her "sekten til nasareerne" refererer til "en kjettersk sekt," og dette er første gangen at ordet "kjettersk" vises i Bibelen.

Jødene brakte anklagelse mot Paulus foran lederen fordi de trodde at budskapet som Paulus forkynte var kjettersk. Paulus motbeviste anklagen og erklærte hans tro som det ble skrevet i Apostlenes Gjerninger 24:13-16.

Heller ikke kan de godtgjøre for deg disse sine klager imot meg. Men det vedgår jeg for deg at etter den Guds vei som de kaller en sekt-lære, tjener jeg så mine fedres Gud at jeg tror alt det som er skrevet i loven og i profetene, og har det håp til Gud, som også disse selv venter på, at en oppstandelse forestår både av rettferdige og av urettferdige. Derfor legger jeg selv vinn på alltid å ha en uskadd samvittighet for Gud og mennesker.

Var Apotelen Paulus Virkelig en Kjetter?

Du bør titte på forklaringen av kjetteri i Bibelen fordi Bibelen er Guds ord, den eneste virkelige skapningen som kan se forskjell på sannheten og løgnene. Betegnelsen som har en antydning om en "kjettersk sekt" kommer til syne fem ganger i Bibelen. Men definisjonen av kjetteri er bare diskutert en gang:

Men det oppsto også falske profeter blandt folket, likesom det og skal komme falske lærere, som skal lure inn vrange lærdommer som leder til fortapelse, idet de endog nekter den Herre som kjøpte dem, og fører over seg selv en brå fortapelse (Peters 2. Brev 2:1).

"Herren som brakte dem" refererer til Jesus Kristus. Menneskene tilhørte Gud i begynnelsen og levde etter Hans vilje. Etter hans ulydighet ble Adam imidlertid en synder som tilhørte djevelen. Men Gud hadde medlidenhet med mennesker som var på vei til døden. Gud sendte Jesus, Hans eneste Sønn, som et fredsoffer og tillot Ham å bli korsfestet slik at Han kunne åpne veien til frelse gjennom Hans blod.

Gud arbeidet for oss, som en gang hadde tilhørt djevelen, med å ha våre synder tilgitt hvis vi tror på Jesus Kristus. Vi mottar også liv og kommer til å tilhøre Gud igjen. Det er derfor vi kan si at Jesus kjøpte oss med Hans korsfestelse, og Bibelen forteller deg at Jesus er "Herren som kjøpte dem."

Kjettere Nekter Jesus Kristus

Nå vet du at "kjettersk" refererer til "de som nekter den Herre som kjøpte dem, ved å bringe seg selv hurtig ødeleggelse" (Peters 2. Brev 2:1). Denne betegnelsen hadde aldri blitt brukt til Jesus gjorde ferdig Hans misjon som en Frelser. Navnet "Jesus" betyr "[den som] vil beskytte Hans folk fra deres synder." "Kristus" er "den salvede." Jesus ble Frelseren bare etter at Han hadde gjort Hans arbeide – å bli korsfestet og oppreist.

Det er derfor du ikke kan finne denne betegnelsen i det Gamle Testamentet eller i evangeliene til Matteus, Markus, Lukas, og Johannes hvor Jesus' liv er nedskrevet. Til og med fariseerne, lovens lærere, og prestene som forfulgte Jesus brukte ikke denne betegnelsen. Det var heller ikke brukt av yppersteprestene.

Bare etter at Jesus oppsto fra de døde for å utføre Hans misjon som Kristus, "folk som nektet Herren som hadde kjøpt dem" kom til syne. Og bare da, begynte Bibelen og advare oss om disse kjetterier.

Folk er derfor ikke kjettere hvis de tror på Jesus Kristus som

"Herren som kjøpte dem." Men hvis de nekter dette er de kjettere. Apostelen Paulus nektet ikke Jesus Kristus som hadde kjøpt han med Hans dyrebare blod. Istedenfor takket Paulus Jesus Kristus som han forkynte samme hvor han dro, og Paulus var forfulgt og måtte betale en høy pris. Fem ganger mottok han de førti piskeslagene minus en fra jødene. En gang var han henrettet ved steining. Han var satt i fengsel, forfulgt av hedninger og hans egne landsmenn, og han var sviktet av de som han hadde stolt på. Uansett alt dette, ble Paulus en mann med stor makt ved å overvinne de lidelsene med glede og takknemlighet, og æret Gud ved å helbrede mangfoldige mennesker i Jesus Kristus navn til dagen hvor han døde martyrdøden.

Paulus Forkynte Evangeliet ved å Demonstrere Guds Makt

Du må vite at Guds makt kan ikke bli vist av de som nekter Gud Skaperen og Jesus Kristus som er i all nature Gud på grunn av at Bibelen tydelig sier, *"En gang har Gud talt, ja to ganger har jeg hørt det, at styrke hører Gud til"* (Salmenes Bok 62:12).

Du må ikke dømme en person som demonstrerer Guds makt fordi den makten beviser at Gud er med ham og at den personen elsker Ham veldig høyt. I Paulus' brev til Galaterne 1:6-8 hvor Paulus som ble kalt en leder av den nasareiske sekten, ga sterke advarsler om ikke å forkynne om et annet evangeliet enn korsets budskap:

Jeg undrer meg over at dere så snart vender dere bort

fra han som kalte dere ved Kristi nåde, til et annet evangelium, skjønt det ikke er noe annet; det er bare noen som forvirrer dere og vil forvrenge Kristi evangelium. Men selv om vi eller en engel fra himmelen forkynner dere et annet evangelium enn det som vi har forkynt dere, han være forbannet!

Til og med idag er noen mennesker ansett som kjettersk, fordi om de aldri nekter Jesus Kristus, men bare forkynner Kristus evangeliet og forkynner den levende Gud ved å demonstrere og arbeide med Hans makt.

Døm Ikke Andre Som Kjettere På Måfå

Jeg har også lidd og tålt mange prøver ved å bli anklaget for kjetteri, da jeg demonstrerte Guds makt og min kirke vokste. Størrelsen på menigheten har faktisk vokst til mer enn 120,000 medlemmer de siste to tiår siden kirken ble grunnlagt i 1982.

Jeg hadde lidd av mange sykdommer i syv år, og var helbredet av Guds makt tidligere. Så prøvde jeg å leve i Guds ære enn om jeg spiste eller drakk på samme måte som apostelen Paulus gjorde. Jeg satte mitt liv i Guds hender og konsentrerte det om "Bare Jesus, alltid Jesus."

Fra tiden hvor jeg var en legmann, prøvde jeg å vitne om at Gud hadde helbredet meg og om å forkynne evangeliet. Etter at jeg ble spurt om å tjene Gud, forkynte jeg korsets budskap og forkynte om den levende Gud og Jesus Frelseren. Jeg vitnet til og med om Gud når jeg forrettet ved vielsen fordi jeg veldig gjerne ville lede flere mennesker til veien om frelse.

Jeg ble klar over at både Guds mektige ord og beviset om den levende Gud var nødvendige for å bli Herrens vitne til verdens ende. Så jeg ba iherdig, akkurat som troens forfedre hadde gjort, for å motta Guds makt, og besto alle prøvene som ble gitt til meg med takknemlighet og glede. Noen ganger var det dødlignende prøver. Men da Jesus mottok æren om oppståelsen etter Hans uskyldige død, økte Gud min makt i forhold til Hans vilje hver gang jeg overvant prøvene en etter en.

Som resultat, hver gang jeg vitnet om at Gud var den eneste sanne Gud og hvorfor du blir frelst når du tror på Jesus Kristus samme hvor i verden jeg var – i Kenya, Uganda, Honduras, Japan, til og med det høye muslimske Pakistan og hindu landet India – siden 2000, titusener av mennesker kom angrende, de blinde fikk syn, de stumme begynte å snakke, de døve fikk høre, og uhelbredelige sykdommer slik som AIDS og flere typer kreft ble jelbredet. Disse miraklene ga ære til Gud i høy grad.

En som forstår hva kjetteri er dømmer derfor ikke andre som kjettere på måfå. I Apostlenes Gjerninger 5:33-42, leser du om Gamaliel, en lovlig lærer, som var æret av alt folket. Hvordan handlet han?

På den tiden forbød fariseerne i Sanhedrin Peter og Johannes å vitne om Jesus Kristus, men de var fulle av den Hellige Ånd og adlød ikke rådsforsamlingen. Derfor ville Sanhedrin medlemmene drepe apostlene. Men allikevel stod Gamaliel opp i Sanhedrin og ga ordre om at mennene skulle bli satt utenfor for en stund. Da talte Han til dem:

Israelittiske menn! Se eder vel for hva dere gjør med disse mennesker! For noen tid siden fremsto Teudas, som sa seg å være noe, og omkring fire hundre menn slo seg sammen med ham; han ble drept, og alle de som lød ham, spredtes og ble til intet. Etter ham fremsto Judas fra Galilea i skatteutskrivningens dager og forførte folket til å følge seg; også ham omkom, og alle de som lød ham, ble spredt. Og nu sier jeg dere: Hold dere fra disse menn og la dem være i fred! for er dette råd eller dette verk av mennesker, da skal det gå til grunne, men er det av Gud, vil dere ikke kunne ødelegge dem. Vokt dere at dere ikke må finnes stridende mot Gud!
(Apostlenes Gjerninger 5:35-39)

Når du leser dette sitatet, blir du klar over at hvis miraklene ikke var fra eller av Gud, ville det mislykkes til slutt selv om menneskene ikke gjorde noe for å stoppe det. Men selv om de motarbeider eller forstyrrer arbeidet som kommer ifra Gud, vil de ikke kunne stoppe disse gjerningene. Deres innsats er derfor ikke noe forskjell ifra kampen mot Gud og de vil bli utsatt for Hans straff og dom.

Noen ganger dømmer mennesker andre som kjettere på grunn av forskjeller i tolkning av Bibelen, åpenbaring fra den Hellige Ånd, og til og med tunger selv om de alle erkjenner trefoldigheten og at Jesus Kristus kom som et menneske.

Noen mennesker sier til og med at de ikke trenger tungene eller åpenbaringene, og at disse gjerningene til den Hellige Ånd er feil på grunn av at det ikke er noe registrering om at Jesus pratet i tunger eller så åpenbaringer. Men Bibelen sier at disse er gode for oss:

> *Men Åndens åpenbarelse gis enhver til det som er*
> *gagnlig. For en gis visdoms tale ved Ånden, en annen*
> *kunnskaps tale ved den samme Ånd; en annen tro ved*
> *den samme Ånd, en annen nådegaver til å helbrede ved*
> *den samme Ånd, en annen kraft til å gjøre*
> *undergjerninger; en annen profetisk gave, en annen*
> *evne til å prøve ånder, en anne forskjellige slags tunger,*
> *en annen tydning av tunger. Alt dette virker den ene og*
> *samme Ånd, idet han utdeler til hver især etter som han*
> *vil (Paulus 1. Brev til Korintierne 12:7-11).*

Du skal derfor ikke baktale eller dømme de som har forskjellig slags gaver fra Ånden som kjettere bare på grunn av at du ikke selv har erfaring med dem.

Sannhetens Ånd og Forsyndelsens Ånd

I Peters 2. Brev 2:1-3, er det en forklaring på kjetteri. Bibelen advarer deg imot falske profeter og lærere som hemmelig introduserer skadende kjetteri. *"Mange skal følge dem etter i deres skamløshet, og for deres skyld skal sannhetens vei bli spottet, og av havesyke skal de med oppdiktede ord utnytte dere til sin vinning. Men dommen over dem er fra gammel tid ikke ørkesløs, og deres fortapelse sover ikke"* (Peters 2. Brev

2:2-3).

Det står også i Johannes 1. Brev 4:1-3, *"Elskede, tro ikke enhver ånd, men prøv åndene om de er av Gud! For mange falske profeter er gått ut i verden. På dette skal dere kjenne Guds Ånd: Hver ånd som bekjenner at Jesus er Kristus, kommet i kjød, er av Gud; og hver ånd som bekjenner Jesus, er ikke av Gud; og dette er Antikristens ånd, som dere har hørt kommer, og den er allerede nu i verden."*

Prøv Hver Ånd For Å Se Om Den Kommer Fra Gud

Det er gode ånder som tilhører Gud som fører deg til frelse mens det også er onde ånder som narrer deg til ødeleggelse.

På den ene side, en som har mottat Guds Ånd erkjenner at Jesus Kristus kom til jorden som et menneske. Han tror på trefoldigheten – Gud, Jesus Kristus, og Ånden, så han er bekreftet som Guds Barn. Han kan forstå sannheten og leve ifølge sannheten ved hjelp av Ånden.

På den annen side, en som har ånden til den antikristne motsier Jesus Kristus med Guds ord og nekter Hans Frelse. Du må være forsiktig og kunne klare å atskille antikristne fordi en antikristen arbeider ofte blant troende ved å misbruke Guds ord.

Å nekte Jesus Kristus er uansett ikke noe forskjell fra å slåss mot Gud som sendte Ham hit ned til jorden.

Bibelen advarer om antikristne i Johannes 2. Brev 1:7-8 slik:

For mange forførere er gått ut i verden, som ikke bekjenner at Jesus er Kristus, kommet i kjød; dette er forføreren og Antikristen. Ta dere i vare at dere ikke mister det dere har vunnet ved deres arbeide, men at dere kan få full lønn!

I Johannes 1. Brev 2:19 er det en annen advarsel til oss:

De er gått ut fra oss, men de var ikke av oss; for hadde de vært av oss, så var de blitt hos oss; men det skulle bli åpenbart at ikke alle er av oss.

Det er to typer antikristne: mannen som er besatt av ånden til antikrist og mannen som er narret av ånden til antikrist. De prøver begge å narre mennesker uansett hvor den Hellige Ånd lever. De fanger mennesker slik at de kan motarbeide Guds ord og narre dem gjennom deres tanker. Mennesker som har deres tanker fullstendig styrt av ånden til antikrist er kalt "djevel besittelse."

Hvis en prest fikk ånden til antikrist, ville kirkemedlemmene gå veien mot ødeleggelse ved å bli tatt av ånden til antikrist.

Du må derfor vite helt tydelig om sannhetens Ånd og forsyndelsens ånd for ikk å bli narret av ånden til antikrist, men for å leve i sannheten ifølge sannheten og lyset.

Hvordan En Ser Forskjell På Åndene

Johannes' 1. Brev 4:5-6 sier, *"De er av verden; derfor taler de av verden, og verden hører dem; vi er av Gud; den som kjenner Gud, hører oss; den som ikke er av Gud, hører oss ikke. På dette kjenner vi sannhetens Ånd og forsyndelsens ånd."*

Websters reviderte uforkortede ordbok refererer til "forsyndelse" som "En avvikende eller misvisning fra sannheten; løgn; falsk oppfatning; gal mening; feilgrep; misforståelse." Forsyndelsens ånd er en verdslig ånd som narrer deg til å tro på hva som er usant som om det skulle være sant, og det gjør at du forlater troens grenser. En som er fra Gud hører nemlig til sannhetens ord, men en som tilhører de verdslige ting hører på hva de jordiske har å si, ikke sannheten. Det er derfor lett å gjenkjenne dem. Det blir tydelig for deg hva som er lyset og hva som er mørket hvis du kjenner sannheten. Da kan du si, "Denne personen er i sannheten, men den personen er i mørket."

For eksempel, hvis en sier på søndagen, "La oss dra på landtur i ettermiddag. La oss bare delta på morgengudstjenesten. Er ikke det like så godt?" eller hvis han prøver å ødelegge Guds rike ved å føre onde knep og fremdeles påstår at han tror på Gud, dette er arbeidet til forsyndelsens ånd.

Du forstår kanskje mange ting som Gud fritt gir deg hvis du mottar sannhetens Ånd som kommer fra Gud (Paulus 1. Brev til Korintierne 2:12). Derfor lever den Hellige Ånd i deg – Guds elskede barn. Han er sannhetens Ånd og fører deg til all sannheten. Han prater ikke selv; Han sier bare hva Han hører, og Han forteller deg hva du kan forvente deg for fremtiden.

Jesus sier derfor i Johannes' Evangeliet 14:17, *"Sannhetens Ånd, som verden ikke kan få, for den ser ham ikke og kjenner ham ikke; Dere kjenner ham, for han blir hos dere og skal være hos dere."* Johannes' Evangeliet 15:26 gir oss en annen påminnelse om den Hellige Ånd: *"Når talsmannen kommer, som jeg skal sende dere fra Faderen, sannhetens Ånd, som utgår fra Faderen, Han skal vitne om meg."* Også Paulus 1. Brev til Korintierne 2:10 sier, *"Men oss har Gud åpenbaret det ved sin Ånd. For Ånden ransaker alle ting, også dybdene i Gud."* Akkurat som det er skrevet, den Hellige Ånd er den eneste som helt fulstendig kjenner og fatter Guds sjel. De som mottok sannhetens Ånd hørte derfor etter sannhetens ord og adlød det. Jo mere Guds rike og Hans rettferdighet er forlenget, desto mere fryder de seg. De er full av liv, lengtende etter det himmelske kongeriket.

Men noen deltar bare i kirken uten glede på grunn av at de ikke har Guds skapte tro. De tilhører fremdeles det verdslige og foretrekker de jordiske ting som penger og underholdning. De kan derfor ikke leve i sannheten, streve etter det himmelske kongeriket, eller elske Gud av hele sitt hjerte.

Disse menneskene vil til slutt reise fra Gud med forsyndelsens ånd, på grunn av at de tilhører det verdslige og ikke har sannhetens Ånd. Hvis noen baktaler eller sladrer på troens andre brødre eller søstre eller forstyrrer andre fra å være troverdige mot Guds kongerike og Hans rettferdigheter på grunn av misunnelse, kommer han ikke fra sannhetens Ånd.

Ikke La Noen Føre Deg På Villspor

Johannes' 1. Brev 3:7 anbefaler deg til det følgende: *"Mine barn! La ikke noen forføre dere! Den smo gjør rettferdighet, er rettferdig, likesom han er rettferdig."* Du burde ikke snu ryggen til Guds ord for da kan du bli narret av løgnatktig kunnskap, for du kan få lærdom bare fra Guds ord. Bare da vil du motta en fullstendig frelse, bli velhavende i denne verden, og nyte det evige liv i himmelriket.

Men djevelen prøver alt for å hindre Guds barn med å leve ifølge ordet, og får deg til å kompromittere med verden, snu ryggen til Gud, tvile på Ham, og motsi Ham. I Peters' 1. Brev 5:8 står det, *"Vær edru, våk! Deres motstander djevelen går omkring som en brølende løve og søker hvem han kan oppsluke."*

Hvordan kan djevelen narre Guds barn? Du kan sammenligne dette med en kvinne som er fristet av en mann. Hvis en kvinne fører seg selv med eleganse og respekt, og oppfører seg på en fin måte, tør menn ikke å friste henne. Menn kan for øvrig veldig lett friste kvinnen som ikke oppfører seg passende. Djevelen kan også nærme seg den som ikke står fast ved sannheten og som tviler på Gud. Djevelen frister disse menneskene til å snu ryggen til Gud og motsi Ham hvor det på slutten fører dem inn til døden. Eva ble også fristet av djevelen på grunn av at hun ble overrumplet av Guds forvridde Ord.

Selvfølgelig kan du støte på prøver selv om du er uskyldig. Dette er på grunn av at Gud gjerne vil velsigne deg, slik du ser det i Daniels prøve når han ble kastet inn til løvenes hule eller Abrahams prøve om å ofre sin sønn som et brennoffer.

Når du står ovenfor prøver eller vanskeligheter fordi du ikke virkelig holder ved sannheten, må du snu ryggen til dine synder med en gang med angerfølelse, fordriv alle fristelser og prøver med Guds ord, og gjør ditt beste for å stå klippefast på sannheten.

Stå Fast På Sannheten; Ikke Bli Narret

I Paulus' 1. Brev til Timoteus 4:1-2, forfatteren skriver, *"Men Ånden sier med tydelige ord at i de kommende tider skal noen falle fra troen, idet de holder seg til forførende ånder og djevlers lærdommer ved hykleri av falske lærere, som er brennemerket i sin egen samvittighet."* Dette refererer til den senere tid hvor noen mennesker som påsto å ha tro ville snu ryggen til deres tro ved å følge den bedratte ånden og ting som ble lært av djevelene.

Den bedratte er falsk selv om deres handlinger virker troverdige og riktig. De ber foran andre, og prøver å bli trofast på grunn av penger, ikke på grunn av takknemlighet for Guds nåde. Til slutt forlot de deres tro og gikk dødens vei fordi deres samvittighet ble forherdet like som et varmt jern ved å lyve, de levde uten sannheten, og ga etter for verdslige fornøyelser.

Gud advarer deg sterkt gjennom Bibelen om ikke å bli narret. Jesus advarer oss i Matteus' Evangeliet 7:15-16: *"Vokt dere for de falske profeter, som kommer til dere i fåreklær, men invortes er glupende ulver! Av deres frukter skal dere kjenne dem; kan en vel sanke vindruer av tornebusker eller fiken av tistler?"*

Ens ord og handlinger reflekterer hans tanker og vilje. Det vil si, du kan kjenne igjen mennesker ved deres frukt. Hvis noen har den onde frukten som hat, missunnelse, sjalusi istedenfor sannhetens frukt, godhet, og rettferdighet, er han en falsk profet.

Mange falske profeter, antikristne, er allerede tilstede i denne verdenen. Guds barn trenger derfor å ha en sterk forståelse av kjetteri, og skjelne mellom sannhetens ånd og forsyndelsens ånd.

Djevelen og Satan vil aldri gå glipp av en sjanse for å narre Guds barn og la dem synde hver gang de er usikre om sannheten. Når du holder på sannheten og adlyder den, vil du ikke bli narret av forsyndelsens ånd, men vil lett overvinne det selv om du kommer opp mot det. Du må ikke erkjenne eller slutte deg til noen annen form for lære eller bli narret av de undervisningene som går imot sannheten. Istedenfor må du adlyde Guds ord og følge anmodningen til den Hellige Ånd slik at du kan bli modig og uskyldig ved Herren Jesus Kristus andre nedkomst.

Jesus forteller oss at *"Et godt menneske bærer frem gode ting av sitt gode forråd, og et ondt menneske bærer frem onde ting av sitt onde forråd. Men jeg sier dere at for hvert unyttig ord som mennesken taler, skal de gjøre regnskap på dommens dag; for etter dine ord skal du kjennes rettferdig, og etter dine ord skal du fordømmes"* (Matteus' Evangeliet 12:35-37).

Det gode menneske har et godt hjerte og kan ikke forårsake ondskap og skade andre mennesker, uansett om handlingen er fordelaktig for han selv eller ikke.

Men det onde menneske kan ikke finne glede i sannheten. Han bringer all slags ondskap for at andre skal snuble på grunn av hans misunnelse og sjalusi. Selv om hans uttalelser virker riktige og rettferdig, kan du ikke si at han er en god mann hvis han ønsker å prate dårlig om andre eller fjerne en person vekk ifra en annen.

Du må derfor alltid be og bli vaktsom så du ikke blir narret. Du må kunne se forskjell på gode og onde ånder og aldri dømme andre. Dessuten er det også viktig å beholde troen om trefoldigheten – Faderen, Sønnen, og den Hellige Ånd, tro på hele Bibelen, og adlyde den og å leve etter den.

"Kom, Herre, Jesus!"

Forfatteren
Dr. Jaerock Lee

Dr. Jaerock Lee ble født i Muan, Jeonnam Området, Koreas Republikk, i 1943. I tjueårene led Dr. Lee av mange forskjellige uhelbredelige sykdommer i sju år og ventet bare på døden uten noe som helst håp om helbredelse. Men en dag på våren 1974 ble han ledet til en kirke av hans søster, og når han knelte ned for å be, helbredet den Levende Gud ham med det samme av alle hans sykdommer.

Fra dette øyeblikket da Dr. Lee møtte den Levende Gud gjennom den vidunderlige erfaringen, har han elsket Gud med hele hans hjerte og ærlighet, og i 1978 ble han innkalt til å bli en tjener for Gud. Han ba iherdig slik at han klart og tydelig kunne forstå Guds vilje, fullstendig fullføre det og adlyde alle ordene til Gud. I 1982, grunnla han Manmin Sentral Kirken i Seoul, Korea, og mange av Guds arbeidere, inkludert vidunderlige helbredelser og undere, har funnet sted i denne kirken.

I 1986, ble Dr. Lee presteviet til en prest på den Årlige Forsamlingen av Jesus Sungkyul Kirken i Korea, og fire år senere i 1990, begynte hans gudstjenester å bli kringkastet i Australia, Russland, Pilippinene, og mange flere steder gjennom den Fjerne Østens Kringkastings Firma, den Asiasiske Kringkastings Stasjonen, og Washingtons Kristelige Radio System.

Tre år senere i 1993, ble Manmin Sentral Kirken valgt som en av "Verdens 50 Høyeste Kirker" av det Christian World magasinet (US) og han mottok en Æres Guddommelig Doktorgrad fra Christian Faith College, Florida, USA, og i 1996 en doktorgrad i filosofi i presteembete fra Kingsway Teologiske Seminar, Iowa, USA.

Siden 1993 har Dr. Lee tatt ledelsen i verdens misjonen gjennom mange utenlandske kampanjer i Tansania, Argentine, L.A., Batimore City, Hawaii, og New York City i USA, Uganda, Japan, Pakistan, Kenya, Filippinene, Honduras, India, Russland, Tyskland, Peru, Israel, og Estland. I 2002 ble han kaldt en "verdens prest" av store Kristelige aviser i Korea for hans arbeide in de forskjellige utenlandske Store Forente Kampanjer.

Fra og med mars 2012 har Manmin Sentral Kirke en menighet på mere enn 120,000 medlemmer. Det er 10,000 innenlands og utenlandske søster kirker over hele jordkloden, og hittil har mere enn 13 misjonærer blitt utnevnt til 23 land, medberegnet Amerika, Russland, Tyskland, Kanada, Japan, Kina, Frankrike, India, Kenya, og mange flere.

Fra og med datoen av denne utgivelsen har Dr. Lee skrevet 64 bøker, inkludert bestselgerne *Å Smake På Det Evige Livet Før Døden, Mitt Liv Min Tro I & II, Korsets Budskap, Troens Målestokk, Himmelrike I & II, Helvete, og Guds Makt*. Hans arbeide har blitt oversatt til mere enn 73 språk.

Hans Kristelige spalter fremstår i *The Hankook Ilbo, The JoongAng Daily, The Chosun Ilbo, The Dong-A Ilbo, The Munhwa Ilbo, The Seoul Shinmun, The Kyunghyang Shinmun, The Hankyoreh Shinmun, The Korea Economic Daily, The Korea Herald, The Shisa News*, og *The Christian Press*.

Dr. Lee er for tiden leder av mange misjonær organisasjoner og foreninger: inkludert Formann, The United Holiness Church for Jesus Kristus; President, Manmin World Mission; Grunnlegger og Hovedformann, Global Christian Network (GCN); Grunnlegger og Hovedformann, World Christian Doctors Network (WCDN); og Grunnlegger og Hovedformann, Manmin International Seminary (MIS).

Himmelrike I & II

Et detaljert utdrag av de forferdelig flotte omgivelsene som de himmelske innbyggerne nyter og vakker beskrivelse om forskjellige nivåer av de himmelske kongerikene.

Korsets Budskap

Et mektig og oppvekkende budskap for alle menneskene som sover åndelig! I denne boken vil du finne grunnen til at Jesus er den eneste Frelseren og Guds virkelige kjærlighet.

Å Smake På det Evige Livet før Døden

En attesterende biografi av Dr. Jaerock Lee, som ble nyfrelst og reddet fra dødens skygge, og som har levet et perfekt og eksemplarisk kristelig liv.

Troens Målestokk

Hva slags oppholdssted, kroner og belønninger blir forberedt for deg i himmelen? Denne boken gir deg visdom og veiledning slik at du kan måle din tro og kultivere den beste og mest modne troen.

Helvete

Et oppriktig budskap til alle mennesker ifra Gud, som ikke ønsker at en eneste sjel skal falle inn i dypet av helvete! Du vil oppleve en beretning som aldri før har blitt avslørt om den grusomme virkeligheten til det Lavere Dødsrike og helvete.

Våkn opp, Israel

Hvorfor har Gud holdt øye med Israel helt fra verdens begynnelse og til denne dagen? Hva slags forsyn har Han forberedt for Israel de siste dagene, de som venter på Messias?

Mitt Liv Min Tro I & II

Dr. Jaerock Lees selvbiografi gir leserne den vakreste åndelige duften, gjennom hans liv som han hentet ut fra Guds kjærlighet som blomstret midt i de mørke bølgene, kalde åkene og de dypeste fortvilelsene.

Guds Makt

Dette er noe som en må lese og som gir oss en nødvendig veiledning hvor en kan ha sann tro og erfare Guds vidunderlige makt.